# 70 DIAS AO LADO DELA

*Joanita Gontijo*

# 70 DIAS AO LADO DELA

1ª Edição
POD

KBR
Petrópolis
2013

Coordenação editorial **Noga Sklar**
Edição de texto **Flávia Salvatore**
Editoração **KBR**
Capa **Fernanda Lhama**



ISBN 978-85-8180-219-0

KBR Editora Digital Ltda.
www.kbrdigital.com.br
www.facebook.com/kbrdigital
atendimento@kbrdigital.com.br
55|24|2222.3491

LCO019000 - Ensaios de autoras

**Joanita Gontijo** mora em Belo Horizonte. É jornalista e repórter de TV há 18 anos. Tem 41 anos, é divorciada e mãe de três filhos. Escorpiana, tenta manter sua disposição para transformar as tragédias diárias da vida em histórias bem-humoradas. É colaboradora da *Vox Objetiva*, de Belo Horizonte, e do Blog da KBR, como parte do time de colunistas da série *Singles K*. *70 dias com ela* é seu primeiro livro publicado.

**E-mail da autora:** joanitagontijo@gmail.com

# Sumário


Prefácio • 15
Comprou e não gostou? É só trocar! • 19
Sou de ninguém • 21
Felicidade: próxima parada • 23
Tic tac • 25
O prejuízo da dúvida • 27
Novo ou usado? • 29
Qual é a música, maestro? • 31
Medicina da alma anuncia:
há cura para quem sofre de AAA • 33
Romeu e Julieta, não... Prefiro Eduardo e Mônica • 35
Viva a franjinha dos anos 1980! • 39
Socorro! Fui sequestrada! • 41
Não "curti" • 45
Passado, presente e futuro • 47
Andar com fé eu vou... • 49
Todas as cores do amor • 51
Os pais e o "para-casa" • 53
Para bem entender um mal-entendido... • 55
Não deixe pra amanhã... pode ser tarde demais! • 57
João que amava Maria que amava João • 59
Verdade ou mentira? • 61
Amor e medo • 63
Preciso de um tempo... • 65
Felicidade: um prato doce e amargo • 67
Lições da morte • 69
Descaminho • 71

Liberdade: use com moderação • 73
Faxina geral • 75
Parabéns pra você... • 77
O fim das coisas • 79
Três ou mais corações • 81
Pra curar as feridas • 83
Papai Noel... nem ele é de verdade! • 87
Margaridas • 89
A próxima cruzada • 91
A árvore da tolerância • 93
Para as dores: bisturi e coragem • 95
Hora de (des)descansar • 97
Dia e noite... noite e dia... • 101
Encruzilhadas • 103
Quanto vale uma traição? • 107
Tem lugar pra mim? • 109
As cartas não mentem jamais • 111
Repentistas cotidianos • 115
Tudo, menos gorda! • 117
Rogai por nós • 121
Confiável • 123
Sem hora para acordar... • 125
O que é pra sempre nunca acaba • 127
Amor siamês • 129
Depois do amor... • 131
Anjos não têm asas • 133
Meu amigo imaginário • 135
É a sua vez de jogar! • 137
A travessia do desejo • 139
Sou maior de idade: já posso amar! • 141
Contrato de amor: dedicação exclusiva • 143
Três, dois, um... Feliz Ano Novo! • 145
Receita de viagem: mais que uma pitada de sal • 147
Não estou aqui e nem aí • 149
O ciclo de vida da saudade • 151
Seja bem-vinda! • 153

Alguém está de olho em mim • 155
Só, e muito bem acompanhada! • 159
Feliz para sempre! • 161
O chiado da agulha • 163
O pulsar de um coração sem lembranças • 165
Em defesa das "patroetes" • 167
Isso é meu! • 169
A temperatura da sopa • 171
Onde está o fio da meada? • 173

*Tenho três corações que batem fora do meu corpo e a eles dedico esse livro: meus filhos Pedro, Gustavo e Eduardo.*

Este livro reúne 70 crônicas sobre amores, amizades, filhos, culpas, medos, desafios e outros tantos sentimentos, prazeres e dores que enchem o dia a dia das mulheres, pequenas e grandes tragédias cotidianas que tornam as representantes do chamado "sexo frágil" guerreiras cada vez mais combativas, admiráveis e quase sempre divertidas.

*Escrever é procurar entender, é procurar reproduzir o irreproduzível, é sentir até o último fim o sentimento que permaneceria apenas vago e sufocador.*

Clarice Lispector

# Prefácio

O que você faz quando gosta de um livro? Sublinha frases, inclui setas, anota raciocínios (desde que ele seja seu, é claro). Prefácios são tentativas de apresentar uma obra ao leitor. Eu apresento, portanto, os grifos particulares que fiz no livro de Joanita.

Naturalmente só é possível entender um grifo lendo todo o texto, por isso frases isoladas podem ser mal interpretadas ou não terem seu verdadeiro conteúdo compreendido. Portanto, meus grifos são apenas aperitivos para o que vem depois do prefácio. Acomode-se, belisque alguns acepipes e se prepare para o repasto inteiro; um repasto que, com apenas um lápis e talvez um necessário par de óculos, você pode tornar só seu.

"Amor correspondido é mais gostoso do que comer raspa de brigadeiro direto da panela."

"A forma como a gente entra numa relação é a forma como a gente permanece nela."

"Depois de anotar mentalmente o que vestir para parecer alta e magra, meu senso crítico acionou o alarme. Se há solução para todo biotipo, quer dizer que nenhum deles está bom o suficiente?"

"Não adianta encher a vida de rotina quando o problema é a ansiedade. Ela não pretende chegar a lugar algum. Se alimenta do caminho! Quando estou ansiosa corro pra quê? Corro por quem? Para fazer as horas passarem, para não pensar, para esquecer que sou a protagonista da minha vida, a roteirista da minha história."

"O Facebook é o poder de onipresença que quase 100% dos casais gostariam de ter."

"Foi assim no ponto de ônibus e é assim na vida. A gente pode até estar parado numa situação desagradável ou desesperadora, mas uma hora, o ônibus passa e você dá adeus à infelicidade."

"Não fugir da dor faz parte do processo de cicatrização."

"Já fui vítima da dúvida um bocado de vezes. Afinal, o que teria transformado a verdade que saía da minha boca na mentira ouvida pelo outro? Hoje, cansada de vasculhar as minhas gavetas comportamentais à procura de explicações para esse mistério, descobri que as respostas não estão em mim, e sim em quem não acredita em mim."

"E aquelas pessoas que são ótimas companheiras no sofrimento e não conseguem conviver com a sua felicidade? Conhece alguém assim? Elas fazem parte do grupo batizado por mim de 'alérgicos à alegria.'"

"Sem prazer, não há aprendizado."

"Queremos ser ideais para o outro, mas será que suportaríamos conviver com alguém tão rematado? Acho que não. O que é inexato me seduz bem mais... A perfeição é cabal, definitiva como uma rocha sedimentada. Prefiro a argila, menos nobre, mais plástica e com enorme capacidade de ganhar novas formas."

"Quando aceitamos um mal-entendido como verdade estamos acatando e alimentando nossas inseguranças pessoais."

"O contrário de depressão é vontade. Ela não chega de repente e nos rouba a alma! Se aproxima de mansinho, com jeito inofensivo e ares de indisposição passageira."

"Esse é o grande atrativo das mentiras. Pequenas ou grandes, elas nos deixam mais legais. A mentira alivia o momento, mas nos condena a viver sufocados."

"Quero apenas experimentar o tempo sem me preocupar com ele. Não ter medo da morte e muito menos da vida."

"E esse é o perigo das pequenas dores, do corpo e da alma. Elas não nos obrigam a grandes mudanças, não nos ameaçam a serenidade, mas corroem pouco a pouco a nossa sanidade mental."

"Como diz minha sábia mãe, 'ninguém morre de repente'. Concordo com ela. A gente pode até não ter percebido o desgaste do coração, mas ele não parou de bater sem, antes, ter enfraquecido um pouco mais a cada dia."

"É mais seguro planejar do que realizar. Sonhos têm imunidade contra frustrações. A vida real não."

"Não é preciso deixar de ter medo para ser corajoso."

"Na ânsia de agradar crianças e adolescentes, nós, os pais, muitas vezes roubamos deles o direito de querer, o privilégio de lutar, a paciência de esperar, a confiança de alcançar. Talvez por isso, a bicicleta do Natal já esteja encostada em algum canto da sala antes do Ano Novo."

"Relações precisam de tempo, confiança, cuidado. É recomendável tomar a sopa devagar. Altas temperaturas deixam a comida sem sabor."

"Um círculo de ódio e destruição só pode ser rompido com a mudança de atitude de pelo menos um dos envolvidos no conflito. Não importa qual foi a ação: reaja diferente!"

"Não queria seguir até uma praia deserta ou um charmoso chalé na montanha. Queria me achar onde se encontra minha ausência. Hoje queria apenas estar em mim."

De fato, ler é entrar em nós mesmos. Boa, extensa e intensa viagem!

*Stella Florence*

## Comprou e não gostou? É só trocar!

Sábado à tarde, passeio no shopping com uma amiga querida. Missão: encontrar um vestido maravilhoso que não aparentasse a pretensão de "arrasar", mas que deixasse todos na balada boquiabertos. Encontrei a poderosa roupa depois de três horas de caminhada, oito visitas a provadores e pelo menos 15 vestidos testados no espelho. É claro que duas mulheres juntas em um shopping não sairiam dali sem ampliar a lista de desejos. E foi em uma dessas lojas extras que me surpreendi com a nova lógica do consumo.

Sapatos não estavam nos nossos planos, mas minha amiga comprou dois pares. Oportunidade imperdível de aproveitar a liquidação e, claro, ceder ao nosso desejo incontrolável de levar várias sacolas para casa. Na hora de pagar, a vendedora disse: "Sucesso com as sandálias! Elas têm seis meses de garantia". Sapatos com garantia? Sei que eletrodomésticos são consertados de graça por dois anos, colchões podem ser devolvidos se provocarem dores na coluna nos primeiros dias de uso, e se o zíper da calça jeans não fechar, dá pra trocar por outra de tamanho maior, desde que a etiqueta esteja intacta.

Mas não é disso que estou falando. A garantia em questão significa que minha amiga poderá caminhar por 180 dias seguidos sem tirar os sapatos dos pés, e depois disso, se o tecido rasgar, o salto quebrar, a cor desbotar, ela ganha outro novinho em folha. Adorei isso!

Sou da época em que nem produtos alimentícios, que podem provocar uma infecção intestinal e te levar à morte, tinham data de validade. Ninguém fiscalizava se na caixa de sabão em pó de 1 quilo havia realmente os prometidos 1000 gramas. Se o aparelho de som comprado a menos de duas horas não funcionasse na sua sala, nem adiantava voltar à loja para reclamar. O gerente iria te provar que o problema era a tomada da sua casa e não o equipamento. A nota fiscal na mão, a sua cara de desespero ou a polícia não costumavam servir para que seus direitos de consumidor fossem cumpridos. Direitos? Palavra ignorada pelas regras do consumo naquela época.

Mas os tempos mudaram, e, na minha opinião, acho que podem mudar ainda mais! Imagina se tudo na vida tivesse garantia: o vestido que comprei não provocou o furor desejado? Devolvo e pego meu dinheiro de volta. Fui para a final do campeonato e meu time perdeu? É só passar na bilheteria... Isso não te livra das gozações adversárias, mas alivia a raiva e o bolso. O creme antirrugas não me deixou 10 anos mais jovem? A indústria fabricante vai ter que se responsabilizar e me pagar uma cirurgia plástica, ou pelo menos uma aplicação de botox. O shampoo para cabelos estressados não domou a juba? Hidratação gratuita durante um ano, no mínimo! Minhas escolhas de vida não deram certo e me levaram ainda mais para o buraco? Quero meu tempo de volta, a modesta felicidade de antes, a esperança que me fazia levantar da cama todos os dias! Quero garantias!

Sei que não é assim tão simples, mas 20 anos atrás, quando não havia o Código de Defesa do Consumidor, qualquer tipo de garantia seria considerada abuso. Abusada sempre fui, e não custa sonhar com uma vida em que o futuro seja menos incerto. Já estou com minha nota fiscal nas mãos, e nela está escrito: amor e alegria para sempre.

Quem garante? Alguém em quem posso confiar de olhos fechados: eu mesma!

## Sou de ninguém

Já faz muito tempo, mas aquela reportagem nunca me saiu da memória. A pauta previa que eu contasse a história de um município, na região centro-oeste de Minas Gerais, que tem nome de gente, mas, curiosamente, ficou conhecido como a "cidade dos apelidos".

Mesmo desconfiada de que a produção da TV havia exagerado, segui para Cláudio, disposta a cumprir minha missão. Foi no mínimo divertido conhecer um lugar onde o difícil era alguém ser chamado pelo nome de batismo. Fui apresentada a João-de-Barro, Geraldo Periquito, Marcha-Lenta, Thiú, Zé Costela, Manquinho e muitos outros. O costume é tão forte por lá que o carteiro, apelidado de Pato, graças ao jeito de andar, sugeriu que se criasse um catálogo com os nomes e os respectivos apelidos. Assim foi feito, e ficou mais fácil encontrar os destinatários das cartas que chegam por aquelas bandas.

Há quem ame e quem odeie apelidos. Há as alcunhas carinhosas e outras bem constrangedoras. A verdade é que eles fazem parte da nossa mineiridade. É comum, principalmente no interior do estado, que os moradores sejam identificados por seus pertencimentos. Explico: ao invés de sobrenomes, as pessoas se diferenciam por seus maridos, esposas, pais, mães, profissões ou endereços. Assim surgem a Geralda da Rua da Ponte, o Toninho da Neusa, o Zé da Ivone e o Candinho da mercearia.

Pensando sobre esse assunto, me lembrei de alguém que conheci há alguns anos. O nome, Ana, como o de tantas outras, e a origem em um cantinho bem discreto e esquecido das Minas Gerais, fizeram da minha amiga de infância um exemplo típico da saga "sou de quem?". Quando criança ela era a Ana da Fiinha; na adolescência, porque passava parte do dia vendendo remédios, se tornou Ana da farmácia; se casou e virou Ana do Beto; e quando teve filhos, ela mesma se identificava nas reuniões escolares como Ana do Pedro e do João. Ana nunca foi dela mesma...

Somos referências para os outros e também nos apoiamos neles para andar pela vida — essa é uma eficiente estratégia para sermos reconhecidos na multidão de nomes e rostos que traduzem, senão as mesmas histórias, pelo menos enredos bem parecidos. Enquanto isso não passa de uma simples localização geográfica na nossa árvore genealógica, tudo bem. O perigo é esquecermos quem somos para viver o eterno papel de acompanhantes. O risco é criarmos raízes que, além de nos alimentar, também nos acorrentem. O despenhadeiro se aproxima a cada passo que nos distancia dos verdadeiros desejos guardados na alma.

O movimento rumo ao que se quer de verdade muda tudo de lugar. Na escuridão do caos, nossas mãos procuram o corrimão da escada e não encontram mais o apoio. Os primeiros passos são trôpegos, e a vontade de fazer o caminho de volta ao óbvio é grande. Mas, mesmo tateando às cegas, é inevitável não se encantar pelo cheiro da liberdade. A busca por si mesmo vale qualquer sacrifício.

Se a escritura da sua vida não está em seu nome, expulse logo os invasores e assuma seu território. Faça como a cidade de Cláudio, que, apesar de abrigar tantos apelidos, é um substantivo próprio. Quem é coletivo de muitas coisas acaba sendo sinônimo de nada.

## Felicidade: próxima parada

A empresa que gerencia o trânsito na minha cidade garante que o tempo máximo que esperamos em um ponto de ônibus são 20 minutos. Pode até chegar a meia hora, se for durante o horário do *rush*... Ah, tá! Então deve ser alguma coisa pessoal, motim dos motoristas e trocadores contra mim. Devem ter até grito de guerra: "Ada, ada, ada! A Joanita está parada!" Sei que a piada foi sem graça, mas não dá para ser criativa e bem-humorada quando se espera quase uma hora por um ônibus.

Era o fim de um dia pesado de trabalho, ameaçava chover e eu, claro, tinha deixado a sombrinha em casa; para piorar, um "bebum" chato e sedento pedia uns trocados para todos nós, pobres mortais que queríamos só uma chance de passar pela roleta. Eu sentia tanta raiva, que, em meus pensamentos, o motorista devia estar "fazendo hora", "morcegando" para se vingar dos usuários do transporte coletivo que o obrigam a parar a cada ponto. Ou quem sabe a culpa era da empresa que opera a linha que passa no meu bairro? Esses capitalistas, exploradores do serviço público, só pensavam em ter mais lucro, encher os bolsos de grana e sacrificar o sagrado descanso daquele grupo que aguardava impaciente no ponto.

Já planejava me vingar... Entraria no ônibus e faria uma cara bem feia para o motorista para mostrar minha indignação, ou talvez dificultasse o troco para o cobrador dando-lhe uma nota de valor alto. Vou confessar que logo desisti dessa última ideia. Era fim de mês e minha carteira não estava com "essa bola toda". Não importava o que iria fazer: vingança... essa era a palavra de ordem!

Mas, eis que as luzes dos faróis apareceram na esquina. O sonho virou realidade. À medida que o veículo amarelo se aproximava, ia me sentindo mais e mais aliviada. Tudo parecia novamente dar certo na minha vida. O jogo virou, a sorte mudou! A raiva pelo motorista já tinha passado. Se ele me pedisse em casamento naquela hora, talvez eu aceitasse. O sapo tinha se transformado em príncipe e agora comandava a diligência que me levaria rumo ao meu castelo, ao meu merecido banho e às bochechas gostosas dos meus filhos que esperavam pelos meus beijos!

Tudo tinha mudado! Foi assim no ponto de ônibus e é assim na vida. A gente pode até estar parado numa situação desagradável, ou até desesperadora, mas uma hora o ônibus passa e você dá adeus à infelicidade. Não é fácil ter paciência para esperar. É um desafio gigantesco tentar entender os motivos que justificam o atraso, dá vontade de brigar com todo mundo que está por perto, mas é preciso manter a fé e, se possível, a serenidade!!

"Nada é tão ruim que dure para sempre e nem tão bom que nunca se acabe". Não sou afeta a frases feitas, mas esta tem sido meu mantra nos últimos... há quanto tempo mesmo estou neste ponto?? Muito, muito tempo! E isso é um bom sinal. O ônibus deve estar quase chegando... Vou esperar mais um pouco, mas se ele não passar, sigo a pé até o meu destino. Afinal, a vida pede movimento!

## Tic tac

É preciso fazer o tempo passar... As pernas cruzadas de um lado pro outro, do outro pra um, perderam a capacidade de fazer o planeta girar mais rápido. Os pés ajudam, sacudindo num ritmo de aflição declarada. É preciso ir para o trabalho, os afazeres de casa têm que acabar logo. Meninos! Rápido pro chuveiro enquanto corto o bife em pedaços pequenos para facilitar a engolição (sim! Essa palavra existe!). Todos a postos, cintos apertados, deixo as crianças na escola. Sigo para o trabalho e em meio a pautas, entrevistas e textos, o tempo se arrasta.

Não adianta encher a vida de rotina quando o problema é a ansiedade. Ela não pretende chegar a lugar algum. Se alimenta do caminho! É o contrário da pressa. Essa sim, sabe se justificar como ninguém. Quando me apresso, chego pontualmente ao consultório médico; quando me apresso, meu chefe fica feliz; quando me apresso, subo as escadas correndo e chego a tempo de estancar o sangue na testa do meu filho ferido.

E quando estou ansiosa? Corro pra quê? Corro por quem? Para fazer as horas passarem, para não pensar, para esquecer que sou a protagonista da minha vida, a roteirista da minha história. Não quero ter tempo para colocar os óculos e ler as páginas que ando escrevendo, não quero pegar a borracha e apagar o que está errado, me falta coragem para iniciar outro capítulo.

Sei que não estou de férias da minha própria vida. Isso não é possível. O tempo não tem pena de mim, não espera até que eu decida que caminho seguir. Ele não usa reticências... no máximo, vírgulas. Tudo continua acontecendo à minha volta, e o destino me carrega nas costas como um peso morto.

Não me reconheço na foto tirada ontem. Estive ali? Sorri daquele jeito? Nem me lembrava. Olho no espelho e também me canso do que vejo: as mesmas dúvidas, o mesmo medo, a mesma piedade. Opa! Começo a pensar e não devo! Preciso me distrair. Atendo o telefone, e enquanto ouço o relatório da minha irmã sobre a última consulta médica do meu pai, desenho setas em uma folha em branco. Setas pra todos os lados sem nenhuma direção. Já li algo sobre o que isso significa, e ao desligar o telefone busco a interpretação no Sr. Google.

"Desenhar setas significa alguma ideia fixa. Se elas apontarem para baixo ou para esquerda, falam de alguma coisa que já passou. Se apontarem para a direita, indicam futuro. Se as setas apontarem para cima, você deve estar entediado."

Acabo de descobrir que sou uma mistura maluca de alguém obcecada pelo passado e também pelo futuro, e um tanto enfastiada com a vida. Ajudou muito! Me sinto bem melhor na minha própria companhia...

Aproveito que estou diante do teclado e escrevo. Mais uma crônica para o meu livro, menos tempo para minha ansiedade. Terminei... e os meus pés continuam se balançando freneticamente!

## O prejuízo da dúvida

Está na jurisprudência do Direito: o benefício da dúvida pode absolver um réu. Se estivermos falando da possibilidade de condenar um provável inocente julgado em um Tribunal, ok, a dúvida serve como absolvição. Mas se o assunto são relações mais profundas, como as amizades e os casos de amor... Nada feito! A dúvida é condenatória, e só a certeza liberta!

Já fui vítima da dúvida um bocado de vezes, e as recordações são sempre amargas. Dizer a verdade e ser acusada de leviana é talvez uma das piores torturas emocionais. E não importa o tamanho da verdade que você diz: pequena, cotidiana ou avassaladora, ela deve ser respeitada e reconhecida como tal.

Se não somos dignos de confiança, há algo muito errado no ar! Ou não merecemos a credibilidade do outro por comportamentos inadequados — por já termos "pisado na bola" no passado, por nunca termos sido sinceros —, ou quem acusa precisa reconsiderar os próprios sentimentos. E nessa balança é preciso pesar não só a confiança, mas também a segurança, o amor e o respeito. Um alerta para os desconfiados de plantão: quem duvida de uma verdade está ferindo o outro de morte.

Em um mundo cada vez mais recheado de falsas aparências, amores siliconados, olhares que parecem honestos apenas com cílios postiços e promessas de fidelidade, que duram até a próxima esquina, é compreensível que a confiança viva sempre numa corda bamba. Mas, cuidado para não posar de inquisidor e errar a mão ao se proteger das mentiras: você pode destruir uma relação verdadeira. A desconfiança e a acusação do outro põem em questão o caráter de quem pode estar dizendo a verdade. Machuca a alma e provoca uma dor incomparável.

Nas vezes em que vivenciei esse tipo de situação, cheguei a procurar em mim mesma a explicação para a dúvida. Seria minha espontaneidade, o ritmo das palavras, a postura ao dizer, a roupa que usava, o tom de voz... Afinal, o que teria transformado a verdade que saía da minha boca na mentira ouvida pelo outro? Hoje, cansada de vasculhar as minhas gavetas comportamentais à procura de explicações para esse mistério, descobri que as respostas não estão em mim, e sim em quem não acredita em mim.

O resultado prático da descoberta não evitou que, vez ou outra, eu ainda seja alvo da dúvida alheia. Mas pude me absolver da culpa de nem sempre ser acreditada. Hoje, a minha verdade me basta! Não preciso vê-la reconhecida por ninguém, e até de guia ela me serve. Quero do meu lado apenas pessoas que confiem em mim e me vejam como sou: verdadeira e sincera. O Tribunal da Inquisição queimou na fogueira milhares de inocentes. Não serei a próxima vítima dos desconfiados, que condenam para justificar a própria loucura.

## Novo ou usado?

Era uma feira de troca de brinquedos. Alunos de sete a dez anos levaram para a sala de aula bonecas que não saíam da caixa há algum tempo, carrinhos que perderam a graça e jogos de tabuleiro que já não eram mais desafiadores. A ideia da escola era praticar o desapego e oferecer alternativas ao consumismo. Ao invés de comprarem coisas novas, as crianças trocavam seus passatempos usados por outros, também de "segunda mão", mas com jeitinho de novidade.

Objetos sobre as mesas, negociações a todo vapor! Pelo movimento e empolgação, os pequenos até pareciam corretores da bolsa de valores: "Gostou do que é meu? Deixa eu ver o que você tem? Humm... É! Vou trocar!"

Conversei com algumas crianças, que me explicaram como escolheram o que queriam levar para a feira: "Peguei o que ainda funcionava, mas eu não queria mais para brincar. Acho que meus amigos vão gostar."

Tudo ia muito bem até que me aproximei de uma das mesas para observar de perto a conversa entre duas meninas. Isabel havia gostado muito do elefante de pelúcia de Thaís, mas a amiga resistia em entregar o bichinho, e explicava:

— É que tanta gente gostou dele... Não tinha reparado que ele é mesmo fofo e não estou conseguindo trocar agora...

Conversando com a professora, ela me disse o que eu já imaginava. Algumas crianças descobrem na feira o verdadeiro valor de alguns brinquedos, e chegam a desistir de comprar outros novos. Afinal, já têm o que queriam em casa. Uau! Apenas o objeto de desejo muda, mas a história continua se repetindo na vida adulta. Quem nunca ouviu essa frase, "a gente só dá valor depois que perde..."?

Considerando os casos de amor, vale cuidado redobrado na apreciação do que já não serve mais. Lembre-se de que o seu "brinquedo" tem vontade e pernas próprias. Ele ou ela podem não querer voltar quando você perceber, tarde demais, que abriu mão de alguém especial e que nunca deveria ter saído da sua vida. E como não adianta fazer birra, seguem alguns quesitos importantes a considerar, antes de se desfazer de brinquedos e relações:

— Você ainda dá boas risadas na companhia dele(a)?

— Gosta do cheiro, do gosto, da textura?

— Tem medo de que ele(a) caia no chão e quebre por fora ou por dentro?

— Vocês perdem, ou melhor, ganham, horas a fio conversando? Considere também quando o boneco ou a pessoa em questão te responde apenas com um olhar sereno...

— Vocês valorizam mais as qualidades do que os defeitos um do outro? (por exemplo, ele(a) te recebe bem mesmo depois que você passou toda a semana de trabalho sem lhe dar uma atençãozinha? E você? Perdoa a pilha que exige trocas frequentes? Releva falhas nas funções de volume da fala, afinação da música, gravador de mensagens?)

Se você respondeu "sim" a qualquer uma dessas perguntas, pense bem... Talvez não seja a hora de reciclar o brinquedo ou o(a) namorado(a). Você precisa apenas olhar pra ele(a) com olhos de novidade.

## Qual é a música, maestro?

Era manhã de sábado. Para combinar com a estação que se iniciava naquele dia, Letícia saiu vestida de outono. O rosto estava aceso como um céu sem nuvens, e na alma batia um vento frio, anunciando que as próximas semanas exigiriam muitos afetos para agasalhar e aquecer o coração.

A tarefa era simples: ir ao mercado e comprar as verduras para o almoço. Seria fácil manter a dor escondida sob os óculos escuros, mas na porta da mercearia ela foi surpreendida por um quarteto musical. Os senhores trajavam a elegância de ternos pretos combinada à altivez dos cabelos brancos. Tocavam acordeom, violoncelo, violino e percussão como se estivessem em um grande teatro.

A cena já bastava para causar emoção, mas a música... ah, a música! Essa foi bem mais longe: fez as lágrimas, tão secretamente guardadas, transbordarem. O grupo interpretava Astor Piazzolla e ela pensava em Paris (Não! O gênio que ousou incluir arranjos e timbres atrevidos ao consagrado tango não era francês, e Letícia tampouco havia cruzado o oceano para guardar memórias dos Champs-Élysées... Mas nada ali precisava fazer sentido). A força da melodia argentina revelou sua própria fraqueza, provocou lembranças do que não fora vivido, lamentos do que poderia ter sido. A partitura, traduzida naquele momento por mãos tão talentosas, despertou a saudade de um passado que jamais se fizera presente. O inverno, prometido pelo calendário para daí a três meses, chegou em segundos.

A música criou atalhos improváveis, mudou o ritmo das horas, encurtou o caminho entre o pensamento e a emoção. Não deu tempo para racionalizar o que sentia, os discursos prontos foram atropelados por ideias que não haviam sido ensaiadas. O trágico espetáculo da dissimulação expôs o arremedo de pessoa feliz em que ela havia se transformado.

Este é o milagre que acontece quando nossos ouvidos apuram o gosto de uma canção. Não importa se é Edith Piaf ou Chico Buarque. Não faz diferença se o idioma é reconhecido ou não. Ela harmoniza o caos de uma Torre de Babel e faz o espírito compreender cada sustenido e bemol.

Nem sempre nosso corpo se movimenta, mas a alma jamais deixa de dançar ritmos diversos. Bastam os primeiros acordes para embarcar na deliciosa malandragem de Cartola, na força de Ravel, na poesia de Nando ou na inquietude de Ney. Ficamos nus e vivenciamos orgasmos de amor, dor, nostalgia, alegria...com a clareza e a verdade do que é espontâneo.

E Letícia? Desistiu de comprar as verduras. O corpo podia esperar um pouco mais pelo alimento, mas a alma estava com a boca aberta. Voltou para o estacionamento, entrou no carro e chorou por uma hora; se permitiu esmorecer, e, assim que se sentiu vazia novamente, deu partida no carro e ligou o rádio. Quem dava o tom agora era Vinícius de Moraes: "É melhor ser alegre que ser triste, a alegria é a melhor coisa que existe..." Mesmo com os olhos inchados, ela sorriu um sorriso tímido, no canto da boca. Sim, o poeta tinha razão! O sofrimento acabara de encerrar seu show, e ele nem era a atração principal. Apenas preparou a plateia para o grande momento: que os holofotes se acendam para a entrada da felicidade!

As letras interpretadas por essa talentosa artista, ela sabia de cor. Desligou o rádio, abriu os vidros do carro e saiu cantando em voz alta, sem se preocupar em fazer jus à interpretação de Elis Regina: "Quaquaraquaquá, quem riu? Quaquaraquaquá, fui eu..."

## Medicina da alma anuncia: há cura para quem sofre de AAA

Diz a sabedoria popular que só reconhecemos os verdadeiros amigos na adversidade. Concordo. Quem está com você pra valer não vai se afastar quando o cenário do encontro mudar da mesa de boteco para a cama do hospital, ou quando você precisar de companhia no sábado à noite para "curar a dor de cotovelo" e não para "desfilar seu bloco na avenida". Se bastar que a maré vire e o barco fique à deriva para aquele marinheiro que você chamava de irmão fugir no bote salva-vidas sem nem olhar pra trás... Esqueça a figura. Nem para comida de tubarão essa pessoa serve.

Esse teste de amizade é fácil. Todo mundo reconhece sua eficiência. Mas, me pergunto, e aquelas pessoas que são ótimas companheiras no sofrimento e não conseguem conviver com a sua felicidade? Conhece alguém assim? Aposto meu par de sapatos novos, e meu vestido que ainda está com a etiqueta, que sim!!

Sabe aquela amiga que está sempre ao seu lado no tempo das vacas magras, naquele momento em que voltar para casa no 0 a 0 já nem tira mais o seu sono? Observe se ela também vai ficar feliz quando o "gato" que trabalha ao lado pegar seu telefone, te levar pra dançar e ainda ligar no dia seguinte marcando um cinema: torceu o nariz? Fez previsões apocalípticas sobre o namoro que nem começou direito? Ela faz parte do grupo batizado por mim de "alérgicos a alegria", ou AAA.

A aversão à felicidade é um sentimento que vai muito além da inveja e do pessimismo. Quem sofre de AAA não consegue conviver nem mesmo com a própria realização. Ser feliz traz leveza, saúde, bem-estar, vontade de cantar e de cometer algumas doses de deliciosa indisciplina, e ainda faz o amor brotar pelos poros — um pacote completo que exige coragem para ser aberto. Sim, quem consome felicidade assume os riscos do vício e dos sintomas dolorosos da abstinência em caso de falta momentânea do produto.

Felicidade e alegria exigem cuidados. São suscetíveis e um tanto frágeis. Ao contrário, o sofrimento e a dor não precisam de alimento. Mesmo sem razões para existir, eles bebem na fonte dos distúrbios psiquiátricos, da nossa luta contra o tédio e da busca pela sobrevivência em um mundo movido a barganhas de sentimentos, atitudes e posições.

Os AAAs "tiram de letra" a infelicidade. É como se o fundo do poço parecesse mais confortável, porque ali não há mais o perigo da queda. Quem rasteja não tem nada a perder. Sequer há um horizonte pra despertar desejos.

Se você tem amigos assim, ligue o alerta ao trocar ideias com eles sobre a vida. Tome vacinas contra o mau-humor e, se achar que vale a pena, os contagie com suas gargalhadas. Afinal, somos todos um pouco doentes da alma. Basta escolher que tipo de vírus você quer pegar. Saúde!

## Romeu e Julieta, não... Prefiro Eduardo e Mônica

Chegaram mais cedo para o show. No salão, uma dezena de casais se contorcia num bailado gostoso de ver. Tocava forró. Jamais baixaria esse ritmo para ouvir no iPod, mas, olhando assim de perto, era irresistível, difícil não se encantar. Passos miúdos, cadenciados, braços em volta das cinturas, aconchegando corpos delirantes. Encostada na beirada do palco, ainda vazio, Laura apenas balançava a cabeça, conformada com suas limitações no quesito dançar.

Foi quando, de repente, João a pegou pela cintura e a conduziu para a pista. Mesmo insegura, ela se arriscou a acompanhar a ginga e a malemolência do namorado, com quem estava há poucos meses. Dois pra lá, dois pra cá, fechou os olhos para tentar não se perder no ritmo... mas, numa volta mais ousada, Laura não conseguiu retornar os pés para o lugar devido, perdeu o tempo da música, pisou em falso e por pouco não caiu. Bastou para que recuasse ao seu humilde posto de espectadora.

Uma estranha sensação de angústia a consumiu. A frustração a devorava por dentro, enquanto tentava esconder os sentimentos com sorrisos impostores. João ainda insistiu que deveriam dançar mais uma vez... O medo de não corresponder às expectativas dele, porém, a paralisou. Queria fugir dali, fingir e acreditar que não se interessava, mudar de assunto, focar em temas que ela dominava... Qualquer coisa que a levasse de volta ao seguro terreno da perfeição.

Laura perdeu uma ótima oportunidade de continuar abraçada por aquele corpo que ela tanto adorava, de se jogar na imprecisão de passos que ela não tinha a obrigação de conhecer e de rir dos próprios tropeços. O que a impediu? Algo que está na lista negra dos efeitos colaterais da paixão: o medo de decepcionar. As diferenças de personalidade e talentos entre os casais não são tão palatáveis quanto na canção: Eduardo e Mônica "eram nada parecidos", mas se "completavam que nem feijão com arroz"? Renato Russo não incluiu esses detalhes na letra, mas aposto minha coleção de vinis que, pelo menos uma vez, Mônica se sentiu velha demais para aquele adolescente. E Eduardo? Quanto constrangimento no cinema... nem sabia quem era Godard!

Paixão no berçário é assim. Tudo tem o poder de enfeitiçar: o balanço do andar, o sorriso — escancarado ou não —, o jeito de cruzar as pernas, o barulho que se faz ao dormir... Quem não gostaria de eternizar essa sensação de deslumbramento? Mas ainda não inventaram poção capaz de vencer o torpor provocado pela rotina. De repente, as gracinhas de antes não fazem mais rir; a respiração durante o sono passa de um doce ressonar para um ronco irritante; a charmosa timidez vira fragilidade excessiva e a alegria vive uma crise de identidade, perde a dose exata, e, por vezes, é chamada de extravagância. Ser reprovado por quem ama dá medo. Nada me tira da cabeça que Romeu e Julieta se mataram, não somente por causa de um bilhete extraviado, mas porque a cicuta e o punhal pareciam caminhos mais fáceis para eternizar um amor que as diferenças e imperfeições julgavam impossível.

Ah se eu pudesse aconselhar todas as Lauras que existem por aí... Queremos ser ideais para o outro, mas será que suportaríamos conviver com alguém tão rematado? Acho que não. O que é inexato me seduz bem mais... A perfeição é cabal, definitiva como uma rocha sedimentada. Prefiro a argila, menos nobre, mais plástica e com enorme capacidade de ganhar novas formas.

Aprenda a dançar forró esbarrando nos pés de quem te quer bem. Ensine a cantar, mesmo que os primeiros sons provoquem dores nos seus ouvidos. Faça como Eduardo e Mônica. Afinal, "quem um dia irá dizer que existe razão nas coisas feitas pelo coração? E quem irá dizer que não"?

## Viva a franjinha dos anos 1980!

Chega o e-mail com a seguinte mensagem: "Lembra dessa foto? Tem uns 20 anos..."

Quando abri a imagem, tratava-se de um churrasco da época da faculdade, em que as calças *santropeito* eram a última moda e o cabelo já não seguia mais o estilo Chitãozinho e Xororó, mas mantinha uma franjinha ridícula no meio da testa. Para agravar a situação, todo mundo que dizia "x" estava pra lá de bêbado.

Memórias... tão boas, e tão cruéis. Tudo bem enquanto esse momento entre eu e o meu passado era bem íntimo, mas o amigo que enviou o e-mail fez questão de mostrar a foto para nossos colegas de trabalho. Assim que passei pela porta de entrada, ouvi os comentários:

"Nossa, nem te reconheci!"

"Você era diferente, né?"

Fala sério! Não dá pra manter a amizade nesse caso! A foto antiga mostrou muito mais do que a moda dos anos 1980: revelou a cor verdadeira do meu cabelo, e, ainda, que nem tudo no meu rosto é original de fábrica. Ai, que horror!

Já superada a viagem ao túnel do tempo, fui assistir com meus filhos a "Toy Story 3". O filme foi divertidíssimo, com destaque para a atuação primorosa de Barbie e Ken. Na história, Andy, dono de Wood e Buzz Lightyear, já está com 17 anos, e tem que decidir o que fazer com os brinquedos. Bom, não vou ser chata de contar o filme, mas ele trata de memórias, lembranças, início e fim de etapas. Isso me fez pensar... *quanto de nós deixamos pra trás sem nem perceber, e quanto de nós insiste em nos perseguir por toda a vida?* Nem sempre nos livramos das coisas ruins e nem sempre mantemos na bagagem o que realmente importa.

As escolhas que fazemos nos transformam em pais, mães, profissionais, amantes, amigos e até em inimigos. As dificuldades nos tornam mais fortes, mas também nos deixam mais endurecidos. As conquistas nos trazem felicidade e, às vezes, nos fazem esquecer que, por mais que o mundo todo esteja aos nossos pés, quem realmente vale a pena são as pessoas que não nos cobram grandes vitórias. E a função de pais e mães? Essa é ainda mais perigosa. Na tentativa de educar, colocar limites, esquecemos que também já fomos crianças, adolescentes e até adultos atrapalhados.

Talvez, o melhor mesmo seja olhar as fotos antigas e tentar encontrar naquela imagem lembranças boas de nós mesmos. Perdoar o passado, as dores, as inseguranças e os micos é enxergar nesse mesmo lugar, bem distante no tempo, nossas alegrias, amizades e a imensa vontade de viver. Só depois desse rito de passagem é possível encarar o presente com mais leveza e bom humor, não como um lugar a que fomos condenados por nós mesmos. A chave da porta onde guardamos nossa felicidade vai estar sempre em nossas mãos, ontem, hoje e sempre!

Olhando a minha foto agora, acho até que aquele jeans *santropeito* e aquela franjinha combinavam com a menina que eu era. E o sorriso, esse não tenho dúvidas, ainda fica muito bem em mim!

## Socorro! Fui sequestrada!

Olhei para um lado, olhei para o outro e percebi que estava em um cativeiro. As janelas fechadas não permitiam que entrasse luz, as paredes reforçadas com materiais próprios eram capazes de abafar qualquer som que tentasse sair dali. E as portas? Completamente lacradas! Não conseguia enxergar nem as fechaduras. Mas mesmo se as encontrasse, não guardava em mim energia suficiente e nem disposição para tentar forçar uma saída.

O que mais me impressionou naquele momento foi a familiaridade da cena. Eu já tinha visto aquele lugar antes. Uma, duas, dezenas de vezes... Os medos estavam no canto de sempre, sobre a mesa da memória, ao lado das lembranças ruins e dos pequenos traumas, tão discretos e ao mesmo tempo tão assustadores. O desespero? Este quase não se via, debaixo daquela luminária que piscava sinalizando um apagão geral. Ele parecia já ter feito parte daquele cenário, mas agora quem dominava a atmosfera mórbida era outro personagem: o sentimento de culpa. De pé, bem no meio dos outros, se postava imponente, com olhar reprovador — um soldado romano pronto para me jogar na cova dos leões ao primeiro movimento brusco. Como se não bastasse a tortura de sua presença, também era ele o responsável pela comida no cárcere. O alimento de sabor horroroso era servido com fartura, e eu não ousava recusar. Tinha me descoberto presa dentro de mim mesma, amarrada e vigiada por meus próprios sentimentos.

Quantas vezes não nos sentimos assim? E por motivos

corriqueiros — um filho que faz bico ao te ver saindo para o trabalho pode provocar um enorme drama de consciência. Se o nosso destino não for o relógio de ponto, e sim uma mesa de boteco regada a cerveja e amigos então... será preciso reservar uma cadeira para a culpa que nos acompanha.

E se a sua mãe ou seu pai resolvem reclamar que você tem telefonado pouco, faltou àquele lanche preparado para seus filhos (mesmo que você não se lembre de ter sido comunicada sobre o evento e, ultimamente, não tenha tido tempo nem pra se sentar durante as refeições)? Para tudo! Dá até pra ver o futuro sádico que te aguarda, com seus pequenos se tornando filhos ingratos e vingando o seu comportamento malévolo!

E o amigo que cobra por você não ter se lembrando de ligar pra ele e convidado para a balada inesquecível, a que nem você mesma estava a fim de ir? A imaginação perversa já prevê: você vai se tornar uma velhinha solitária, sem sequer uma amiga pra dividir os comentários fúteis sobre o fim da novela das oito.

Posso até estar dramatizando um pouquinho, mas quem é mulher, e convive desde o berçário com o já íntimo sentimento de culpa, sabe do que estou falando. Nem a jornada múltipla nos convence de que não podemos ser perfeitas o tempo todo, e nem com todos ao mesmo tempo! Então, por que insistimos em nos martirizar com os erros, tão aceitos quando cometidos por outros?

Faço aqui um convite à liberdade! A liberdade de escolher o que realmente queremos fazer do nosso tempo, ouviram bem? *Nos-so* tempo! Não é de mais ninguém, e ele é curto! Passa rápido!

E não espere que outros paguem pelo seu resgate! Maturidade é saber que você, e só você, é responsável pelo que te acontece.

Levante-se dessa cadeira, solte essas amarras, abra as janelas, deixe entrar a luz! E não tenha medo se, na hora de sair da prisão, não encontrar as fechaduras! Se for preciso quebrar tudo e fazer a casa cair, vá em frente! É melhor construir outra, mais iluminada, mais colorida. E um conselho: contrate como cozinheiro, para alimentar a todos, alguém que tempere a comida com especiarias mais agradáveis do que as usadas pela culpa. Convide o amor, peça que ele venha sem ajudantes, também chamados de "cobranças".

Tenho certeza de que todos vão ajudar a lavar a louça depois do jantar!

## Não "curti"

"Estudos mostram que o Facebook é responsável por um terço dos divórcios" — a notícia me impressionou, principalmente, porque expõe a fragilidade das relações. Difícil compreender como algo real pode terminar por causa de uma comunidade virtual.

Tudo bem que tem gente (e muita!) sem-noção nas redes sociais: colocam a intimidade na vitrine e tratam conhecidos como se fossem amigos de outras encarnações. Há quem não guarde qualquer segredo. Está chateado ou feliz? Publica. Brigou com o namorado ou com o chefe? Deixa isso claro, em frases nada discretas ou músicas no estilo "dor-de-cotovelo". Mudou-se de cidade, de bairro, ou foi apenas da sala para o banheiro? Avisa pra "geral". Tenho vontade comentar, "e daí?", mas isso renderia também a minha exposição, e não sou novela para que o mundo inteiro acompanhe os capítulos da minha vida.

Da mesma forma que existem os exageros de exposição, há também os excessos de deferência. É comum que "curtidas" sejam interpretadas por casados, namorados e amantes como "cantadas". Outro dia, uma amiga me contou que pediu explicações ao marido porque uma mulher comentou na foto em que ele aparecia com o cachorro: "Saudades..."

Quando perguntei por que isso fez surgir tantas "pulgas atrás da orelha", ouvi a seguinte resposta: "O problema não foi o que ela escreveu, foram as reticências. Percebi nelas que tinha algo no ar". Como assim? Até entendo que os três pontinhos são o sinal mais suspeito da gramática, mas daí a desconfiar de traição?!

O Facebook garante o poder de onipresença que quase 100% dos casais gostariam de ter. Lá, você pode analisar as fotos do passado e do presente do seu namorado, avaliar a beleza das colegas de trabalho e a intimidade com as "conhecidas" do curso de mergulho. Se alguma mulher for adicionada à lista de amigos, basta um click sobre o nome e você já sabe quase tudo sobre ela. O *status* de relacionamento diz que é solteira. Ai, ai... Por que ele foi me trair com essa "zinha"?

Com seu namorado não será diferente. A imaginação e os delírios a respeito do que ocorre na rede de intrigas — ops... na rede social — não escolhem suas vítimas pelo sexo. Acredite! Seu queridinho não só vai ler, como também interpretar todas as mensagens de "feliz aniversário" publicadas na sua página. Alguém disse que você é especial e merece tudo de bom? Humm... O "cara" é bonitão? Tem coisa aí...

Atenção! Evitem cair nas armadilhas virtuais da insegurança, dos ciúmes e da pouca autoestima. A internet é uma das maiores invenções da humanidade, mas use com moderação. Você compra flores em uma loja de Hong Kong, passeia pelas ruas de Paris ou Amsterdã e também termina uma história de amor verdadeiro com apenas alguns movimentos do mouse.

Convoco todos a voltarem à vida real. É nela que reside o bom senso.

Curtiu? Então, compartilhe!

## Passado, presente e futuro

A mitologia define o tempo na figura do deus Cronos, senhor das horas, das estações, da época do plantio e da colheita — um ser voraz, devorador dos próprios filhos, dos momentos e dos destinos. Nem a racionalidade humana aliviou a fama do faminto tempo, e até hoje ele quase sempre leva a culpa por nossas mazelas.

Se estamos felizes, ele passa rápido demais; se estamos sofrendo, olha ele aí fazendo o relógio andar bem devagarinho... Se aquele grande amor se foi, é nele que depositamos todas as esperanças de diminuir a saudade e curar a dor de cotovelo. Se o espelho nos revela algumas rugas... são sinais do tempo. As 24 horas do dia quase nunca são suficientes pra cumprirmos todos os compromissos. Falta tempo! E se a noite promete um encontro arrebatador, olha ele nos boicotando. O ponteiro não anda. E não há tempo que chegue!

Vou agora fazer o papel de advogada do diabo e levantar as bandeiras em defesa do tempo. Ele parece cruel, mas na verdade é o grande mestre das lições universais. Não estende nem abrevia nossas alegrias e dores, apenas dá a elas a oportunidade de serem sentidas até o limite, nos ensinarem o prazer do gozo e a força para começar de novo.

Outro dia, aprendi mais uma com o tempo. Depois de 16 anos, reencontrei uma antiga amiga da adolescência. Antes da hora marcada, não sabia ao certo se teríamos assunto pra segurar o papo a noite toda ou se acabaríamos falando sobre o clima (tema que sempre nos socorre nos momentos de silêncio constrangedor). Afinal, eram quase duas décadas sem convivência. Ela mudou de país, conheceu quase todos os continentes, namorou, viajou, mudou de amigos. E eu? Também mudei! E não foi só a cor do cabelo! Casei, tive filhos, aprendi a cozinhar, tenho uma casa pra cuidar e um emprego pra preservar. Nossos caminhos foram quase opostos, os prazeres vieram de fontes diferentes e as dores também.

Mas o que parecia improvável, aconteceu. O tempo não tinha passado, ou pelo menos não daquele jeito implacável que apaga as lembranças e torna amigos íntimos em não mais do que conhecidos. Foram deliciosas horas de conversa e ótimas gargalhadas. Passado, presente e futuro pareciam apenas ontem, hoje e amanhã.

Na mitologia grega, Cronos, o senhor do tempo, foi vencido pelo próprio filho, que escapou de ser devorado. A vitória de Zeus sobre o pai garantiu a imortalidade dos deuses, e imortal é tudo que sobrevive ao tempo, como a minha mais nova amizade antiga.

O tempo me mostrou que só o que é verdadeiro permanece. E em dias de relações tão fugazes, essa parceria com Cronos não tem nada de mal. Atenção às dicas do velho deus: se mesmo com o passar dos segundos, horas e anos, o que restar for bem mais do que uma lembrança, se o riso vier fácil, se a vontade de compartilhar experiências for grande, se a admiração não deixar espaço para a inveja, abra a agenda e atualize o telefone desse amigo. Ele é pra sempre!

## Andar com fé eu vou...

Era noite e eu ainda trabalhava. A pauta prometia ser enfadonha, como tantas outras, quando uma música invadiu o ambiente preparado para homenagear um grupo de teatro. Era uma apresentação de Folia de Reis, festa religiosa comum no interior de Minas Gerais.

Foi como entrar no túnel do tempo, de volta a um passado de há pelo menos 30 anos. Nas férias de dezembro e janeiro, que eu passava na casa dos meus avós, era um ritual certo. Ouvia de longe a música cantada quase como um choro, chamando os devotos de Santos Reis — Baltazar, Belchior e Gaspar. O coro e o batuque do tambor anunciavam a Bandeira do Divino. O som ficava mais forte à medida que o grupo se aproximava, caminhando pelas ruas de pedra.

Todos, tios, tias, primos e primas, corríamos para a porta da casa. A brincadeira acabava, a panela era retirada do fogão a lenha, a conversa animada precisava esperar... O barulho dava lugar ao silêncio, a alegria parecendo guardada para um momento futuro. O ar se enchia de respeito e até de uma certa melancolia.

Lembro dos olhos de minha avó, que se enchiam de lágrimas. Ela sabia que os foliões viriam, nunca faltaram um ano sequer! Mas, mesmo assim, se emocionava, como se visse a cena pela primeira vez. Com orgulho, autorizava a entrada dos foliões. O mais importante objeto era a bandeira, que trazia no bordado a imagem de um presépio. Alguns beijavam, outros passavam por baixo do pano sagrado. Mas eu não conseguia tirar os olhos do mascarado, que dançava de um lado para outro com um bastão cheio de guizos, produzindo um barulho assustador a cada batida no chão de madeira. Mais aterrorizante ainda era a imagem que cobria o rosto daquele folião, uma máscara com expressão maldosa, traços exagerados e cores fortes. Eu me escondia atrás da minha mãe a cada vez que ele se aproximava um pouco mais.

Nasci católica, mas poucos vezes vou à igreja; sou simpatizante do espiritismo e tampouco frequento as reuniões mediúnicas. Minha religião se reduz a algumas orações e a um compromisso assumido de ser feliz e fazer o bem. Mas não posso negar minha enorme admiração pelos rituais, folclóricos ou religiosos. Congado, candomblé, bumba-meu-boi... Minha porção africana grita! E as de outras descendências também acompanham! O corpo quer seguir todos os movimentos, e meu espírito se enche de muita energia.

O que mais me impressiona é a demonstração de fé — um sentimento, aliás, que deveria ser distribuído em pílulas gratuitamente pelo Ministério da Saúde. Como é bom acreditar! Torna tudo mais simples, o impossível passa de endurecido a solúvel. Para realizar, nem é preciso fazer, acontece como mágica! Sem esforço, sem sofrimento, como o destino, que, simplesmente, precisa ser cumprido.

Descansa o espírito das batalhas, porque não é preciso lutar, basta crer! Não é sempre que agimos com fé... mas hoje eu quero acreditar!

## Todas as cores do amor

A tela branca trazia um certo frio na espinha... Como seria aquele quadro? Que cores teria? Abstrato ou realista? Moderno ou retrô? Será mesmo que algum dia seria capaz de fazer um desenho do qual se orgulhasse?

Foi então que a atração fugaz de fim de noite deu início ao primeiro risco. Um pontinho de nada, era preciso forçar a vista pra enxergar. Mas o telefone tocou, no dia seguinte e nos meses que se seguiram. E foi impossível segurar as mãos, inquietas no desejo de encher o quadro de cores.

A diferença dos tons dispostos na paleta não deixava dúvidas: a imagem que começava a se formar era um desafio ao olhar. Ela preferia o vermelho, ele convivia melhor com o cinza, o avesso... o improvável... Mas o destino não foi avisado sobre isso e, desconhecendo a lógica humana, insistiu em encontros casuais. A tela foi sendo preenchida dia após dia, com contornos e formas irresistíveis.

Àquela altura, já era um caso de amor. Impossível abandonar a criação pelo meio. A paixão e o desejo eram pinceladas sutis nas cores tão opostas. Houve o tempo dos sorrisos fáceis e do choro compulsivo. Também não faltaram o silêncio inquisidor e a gritaria insana, a serenidade do abraço e as ousadias do corpo inteiro. Algumas ilusões se desfizeram, outras realidades foram construídas. A mão escorregou algumas vezes e provocou borrões. Mas o desenho era maior que os pequenos erros do artista, já não dependia da sua vontade para existir. A tela tinha vida própria. Respirava, transpirava, sentia dor e prazer...

Já se passaram algumas décadas, e daquela tela branca nada restou além de lembranças. O medo do vazio não a assusta mais. Ninguém mais duvida de seu talento, nem mesmo ela... Quando olha o quadro, um sorriso de orgulho discreto e sofisticado revela o prazer em admirar sua criação. Qual teria sido a inspiração? Como os críticos definiriam essa arte? Não importa mais...

Ela não precisa que lhe digam o tamanho que tem, tudo agora é mais seguro. Nem os pincéis e nem a caixa de tinta são mais necessários. Ela já percebeu que não precisa mais deles para criar e recriar no desvairado e caótico cenário da vida. A imagem, amadurecida pelo tempo, mudou de cor, mudou de amor. Ficou eternizada na moldura.

## Os pais e o "para-casa"

Hora da reunião de pais e o discurso sempre volta: "É preciso incentivar a autonomia das crianças, deixá-las fazer a tarefa de casa sozinhas". E então a realidade bate à nossa porta... No fim do dia, ao chegarem da escola, os pequenos tiram da mochila o monstro de sete cabeças: é ele, o para-casa, ou lição de casa. Não importa que nome ele tenha na região onde você vive, é impossível escapar do embate! E vamos aos exemplos do quanto é difícil seguir o sábio conselho dos professores e deixar nossos filhos matarem a fera por conta própria.

A frase é de Monteiro Lobato: "Um país se faz com homens e livros". Sem dúvida, uma reflexão digna de um gênio que encantou gerações de crianças, adolescentes e adultos com seu talento literário. É claro que é importante pensar sobre o assunto, principalmente se vivemos no Brasil, onde o hábito da leitura passa bem longe de estudantes e profissionais de diversas áreas e classes sociais. Agora, um detalhe, a citação fazia parte de uma questão da lição de casa do meu caçula, que cursa o segundo ano do Ensino Fundamental, e ele teria que explicar o que o autor quis dizer... Não sei sobre os filhos de vocês... mas os meus não conseguiriam o feito, do alto de sua larga experiência de sete anos de idade.

Em outro dia, foi a vez de me empenhar em ajudar meu filho de oito anos a fazer um croqui de um bairro em folha de seda e colorido. A questão não pedia a ajuda de papai e mamãe, mas é lógico que tive que me armar de réguas, durex para segurar as pontas do papel de seda, lápis de cores diversas e meu parco talento de desenhista para fazer o tal croqui. No desespero, pensei até em pedir para que uma prima decoradora nos socorresse.

Não há limites para os desafios impostos a nossas inocentes crianças. Uma amiga da minha irmã também relatou seu drama: a tarefa do filho de sete anos era fazer uma pesquisa na internet, procurar uma música em inglês que tivesse como tema animais, imprimir cópias para toda a sala e cantar a bendita canção para todos os colegas. Fala sério! Até Michael Jackson ficou estressado às vésperas de sua turnê nunca executada, a ponto de se entupir de tranquilizantes até a morte! Uma mãe não merece esse trabalho todo. Ensaio pra show? E sem cachê?

Nesses momentos é que fico imaginando uma passeata de genitoras revoltadas pelas ruas da cidade, fazendo piquetes na porta das escolas, com faixas e cartazes dizendo não à "ditadura dos para-casas". Acho extremamente louvável que a gente participe das atividades escolares dos filhos, faz bem para a autoestima das crianças e estreita os laços afetivos. Mas, piadas à parte, o que acontece vai além disso. Beira o sofrimento... Nosso e delas.

Da forma como os desafios são impostos hoje aos nossos aspirantes a vestibulandos, a educação tem se tornado mais um martírio e menos um prazer... E sem prazer, não há aprendizado. Temos que ouvir nossos pequenos e descobrir o que desperta o interesse deles, o que faz os olhos se arregalarem de curiosidade. Educar com o coração, e não com a obrigação de cumprir metas curriculares.

Na tentativa de pedir muito mais do que os alunos podem oferecer, corre-se o risco de incentivar a insegurança, o medo da dúvida e dos tropeços. Deixem que eles criem, deixem que eles façam diferente do que estava no programa, deixem que eles nos mostrem o que nós já esquecemos: não há limites para a imaginação. Monteiro Lobato também passou essa mensagem, e acho que ela faria mais sentido para o meu filho.

Que Dona Benta, Tia Nastácia, Emília, Pedrinho e Narizinho possam inspirar nossos professores a serem mais criativos!

## Para bem entender um mal-entendido...

Ela disse isso... Ele entendeu aquilo. Pronto! O estrago está feito. E nem se iluda de que tudo ficará resolvido ao explicar que foi apenas um mal-entendido. A palavrinha que sai fácil da nossa boca convence pouco, quase nada... E as desculpas e justificativas que se seguem muitas vezes pioram o quadro.

Não duvide do poder devastador de um mal-entendido. O namorado não vai ao encontro marcado, a namorada já interpreta: ele não me ama mais, faz pouco caso da nossa relação e deve até já estar com outra. Explicar que o seu chefe te prendeu naquela reunião de última hora e que você sequer tinha como avisar sobre o imprevisto pelo telefone pode até terminar em perdão. Mas a dúvida já ocupou seu lugar naquela mente insegura, e vai dar o ar da graça sempre que uma situação parecida acontecer.

Sua melhor amiga pergunta o que você acha de ela fazer uma lipoaspiração. Você resolve ser sincera, diz que é uma cirurgia desnecessária e que aquela barriguinha poderia diminuir se ela comesse um pouco menos. Era um conselho, mas a essa altura já virou uma crítica imperdoável aos hábitos alimentares dela. Vem a explicação: "Não foi isso que eu quis dizer...". Tarde demais... Com um sorriso sem graça, a vítima pensa: "Melhor reconsiderar as duas últimas décadas de amizade..."

O mal-entendido é tão perverso que não perdoa sequer a sagrada relação entre pais e filhos. Na fase da adolescência, o cuidado vira excesso de preocupação, a faxina no quarto é invasão de privacidade, o telefonema na madrugada, falta de confiança.

Ele destrói amizades, deixa pais e filhos magoados e, se não termina com relacionamentos amorosos, pelo menos provoca um desgaste sem precedentes.

Vamos ao dicionário pra tentar vencer essa praga social. Está no Houaiss: mal-entendido significa divergência de interpretação. Se o próprio nome esclarece que a situação foi compreendida de maneira errada, pra que deixar render o assunto? Pra que embarcar nesse mar de dúvidas?

A resposta para essas perguntas exige análises mais profundas sobre o que achamos de nós mesmos. Quando aceitamos um mal-entendido como verdade, estamos acatando e alimentando nossas inseguranças pessoais. A namorada se sentiu rejeitada, muito mais porque não se considera bacana o suficiente pra ser amada, do que porque o namorado não foi ao encontro. A amiga magoada já desconfiava que precisava de um regime antes mesmo de ser aconselhada sobre o assunto. E o adolescente... bom, nesse caso é preciso entender a explosão de hormônios para explicar a necessidade de contestação.

É claro que há os espertinhos, que usam a desculpa do mal-entendido para aprontar com a nossa cara. Mas um pouco de bom senso e autocrítica ajudam a diferenciar a verdade da sacanagem.

Espero não ser mal-entendida...

## Não deixe pra amanhã... pode ser tarde demais!

"É melhor tomar uma atitude agora, quando ainda se tem vontade."

A frase é de uma pessoa sábia o suficiente para não adiar decisões nem deixar que os problemas a engulam com a boca faminta da depressão.

Não está no dicionário de antônimos, mas já fui vítima desse mal e posso dizer, com propriedade, que o contrário de depressão é vontade. Quando estamos tomados pela tristeza profunda, mesmo que do lado de fora da janela o sol brilhe e seja um convite à vida, dentro de nós é sempre inverno, as emoções estão congeladas e o choro sempre pronto a desabar como uma forte tempestade. A conversa entre amigos pode parecer animada, mas o silêncio ainda é mais confortante. Encarar o trabalho é um desafio a cada dia mais assustador. Até os simples olás nos exigem uma energia social que não temos mais.

Ela não chega de repente e nos rouba a alma! Se aproxima de mansinho, com jeito inofensivo e ares de indisposição passageira. Cuidado, não se iluda! A depressão é traiçoeira como um felino e rápida como uma águia em busca de comida. Essa predadora dos nossos desejos traga com prazer cada derrota, e degusta nossa capacidade de reação como quem experimenta um bom vinho, lentamente, sentindo o gosto de vitória a cada gole da nossa infelicidade.

Se ela já sugou você, não pense duas vezes e procure um médico. Só endorfina na veia para te tirar da lama. Mas, se a depressão deu bobeira e deixou você perceber que ela se aproxima, se agarre aos únicos antídotos para essa peste: a vontade e a ação.

Pode parecer difícil encontrar as razões da tristeza, mas elas têm nome, endereço e quase sempre estão por perto. Aja rápido, e com precisão! O inimigo exige estratégias de guerra. Não permita que a perda de alguém querido, que o coração ferido ou que a traição dos amigos levem embora com eles a sua vontade de viver. Muito menos permaneça ao lado de quem te faz sofrer. Aquele que subjuga quer você numa bandeja de prata. Não deixe que o brilho do metal ofusque a realidade. Você pode até ser o prato principal, mas vai desaparecer assim que anunciarem que o jantar está servido. O que sobrará? Apenas as lembranças do quão suculenta era sua alegria de viver...

Há coisas que são roubadas de nós ao longo da vida... A inocência da criança, a coragem da juventude, a esperança de encontrar um amor verdadeiro, a segurança do adulto. Mas há um lugar, bem dentro de nós, onde nem os ladrões mais espertos e sorrateiros conseguem entrar. Esse lugar é o nosso pensamento, onde moram os nossos verdadeiros desejos. Visite seu interior, descubra o que você quer e saia em busca de conquistar territórios. O mundo à sua volta pode ser um lugar bem mais agradável para viver!

## João que amava Maria que amava João

"João amava Teresa que amava Raimundo que amava Maria que amava Joaquim que amava Lili que não amava ninguém."

É verdade. Os amores platônicos são muito mais inspiradores de arte do que as paixões correspondidas. Seja com a genialidade que simplifica tudo, como fez Carlos Drummond de Andrade no verso acima, seja na intensa literatura de Machado de Assis, que criou a polêmica e enigmática Capitu, capaz de amar (será que ela amou mesmo?) dois homens ao mesmo tempo; ou até nas populares letras de canções sertanejas, que fazem do assunto motivo para chorar, matar, morrer e, no meu caso, para girar o *dial* e procurar algo melhor pra ouvir... (me desculpem os simpatizantes, mas o gênero não está na minha lista de favoritos).

Um coração partido torna as pessoas mais sensíveis, a dor de cotovelo obriga a uma reflexão sobre a vida; e a traição... bom, esta é capaz de transformar casos de polícia em filmes com sucesso garantido de bilheteria. Mas, e aquele amor que contagia duas pessoas? Que faz nascer relações com potencial pra durar a eternidade? Quero falar é desse sentimento...

Tem algo melhor do que enxergar no olhar do outro o mesmo amor que a gente sente? Existe aconchego maior do que o colo de alguém que te queira de verdade, e que também desperte em você a mesma vontade de ficar ali pra sempre? E o poder dos delicados afagos, da ousadia das mãos, do gosto da boca desejada, de transformar duas pessoas em uma só? Dois corpos... abraçados, entrelaçados, molhados pelo prazer de ser o mesmo, de ser único. E o silêncio entre os amantes? Este é capaz de nos fazer levitar, nos manter suspensos pela ausência da palavra que não precisa mais ser dita.

Amar alguém que te ama é se jogar no abismo com a certeza de que colocará os pés no chão, são e salvo. É olhar para o outro e ver o melhor de você. É atravessar a linha de chegada mesmo estando sentado na torcida. É celebrar as vitórias ainda que não haja vencedores e nem vencidos. É um querer bem que não cabe em gesto algum.

Amor correspondido é mais gostoso do que comer raspa de brigadeiro direto da panela, é mais excitante do que saltar de paraquedas, é mais aconchegante do que cobertor e meia numa noite fria, mata mais a sede de felicidade do que Coca-Cola um dia depois da bebedeira, combina com alegria que nem goiabada com queijo. É perfeito como eu e você. Também te amo!

## Verdade ou mentira?

Acabei de desligar o telefone. Menti para a funcionária de uma empresa de mudanças para cancelar o serviço já agendado. Depois de fazer uma pesquisa de preços e encontrar orçamentos mais baratos, disse a ela que não iria mais para o novo apartamento na próxima semana por causa de atrasos na obra. Poderia ter falado a verdade, que os valores cobrados pela empresa são um assalto, mas achei mais simpático inventar uma desculpa.

E esse é o grande atrativo das mentiras. Pequenas ou grandes, elas nos deixam mais legais. A verdade não absolve nossos erros, não passa a mão na nossa cabeça quando cometemos equívocos, ela escancara os deslizes do nosso irretocável caráter. Exagero? Não é não... Sugiro um confessionário de mentiras para analisar melhor o que nos leva a cometer esse pecado. Vou começar pelas minhas e depois você revela as suas. Sem desespero! Não precisa contar aquelas mais cabeludas, que podem comprometer relacionamentos e nos levar de cabeça pra baixo direto para o inferno.

Então, vamos lá!

Já pedi à empregada pra dizer àquela vizinha chata que eu não estava em casa quando ela tocou a campainha e me escondi no banheiro. Também já fiz isso quando a amiga ligou na hora errada para jogar conversa fora. Ônibus quebrado, pneu furado, empregada atrasada foram argumentos usados para explicar uma centena de atrasos. Dor de cabeça, dor no dedo, dor na alma e até na unha encravada já serviram de desculpa para a falta de tesão (se alguma mulher disser que nunca fez isso, prometo plantar bananeira vestida de baiana, no centro da cidade, ao meio-dia). E quantas vezes não disse para aniversariantes queridos que não liguei na data certa porque estava viajando? (Essa desculpa foi muito esfarrapada... Até em Marte deve pegar celular, né? Ou pelo menos, deveria...)

Vamos por partes... Por que não assumi que estava cansada para atender a vizinha inconveniente? Por que não disse para a amiga ao telefone que preferia assistir a "Sex in the City" do que ouvir mais uma vez as lamentações sobre o namoro rompido? Por que não reconheci que me atrasei por ter dormido até mais tarde? Por que não admiti que sexo não passava pela minha cabeça naquela noite? Por que não confessar que minha memória para datas às vezes falha?

Resposta: porque a verdade iria me colocar em xeque! Ela revela que não somos perfeitos. Que desilusão seria... Acho até que as minhas vítimas me perdoariam, mas, e eu? Conseguiria sair dessa sem abalar minha autoestima? Sem me sentir uma amiga desleixada, uma amante de quinta categoria, uma traidora?

É difícil admitir nossos defeitos, mas é preciso também colocar a mentira no banco de réus. Ela é a verdadeira bandida, lobo em pele de cordeiro. Cada vez que dissimulamos, que inventamos desculpas para os nossos erros, estamos banalizando nossas imperfeições, e, com isso, reforçando nossas farsas. A mentira alivia o momento, mas nos condena a viver sufocados, massacrados por uma fantasia que só existe na nossa mente diabólica e só serve para justificar o que não está certo. A verdade é inquisidora, sim, mas ela deixa tudo mais leve, até mesmo os nossos piores erros.

## Amor e medo

Outro dia li num livro que as duas únicas emoções que nos movem são o amor e o medo. Pra quem já torceu o nariz pensando "Chiii... ela anda consumindo literatura de autoajuda", explico: leio até bula de remédio, mas o meu aguçado senso crítico me leva a só considerar aquilo que tem comprovação nas ações do dia a dia. E isso tem, com certeza!

Nos relacionamentos — namoro, casamento, sexo avulso, vale tudo! —, agimos por amor quando nos entregamos ao afeto incondicional, mas deixamos o medo falar mais alto ao cobrarmos as mesmas atitudes. Somos muito bacanas quando respeitamos o espaço do outro e não nos incomodamos com programas "a um", ou seja, sem a simbiose do "onde você for eu vou". É o amor mais uma vez nos tornando melhores. O medo nos leva a inconvenientes cenas de ciúme — pode ser porque aquela loira gostosa fez seu namorado torcer o pescoço e ficar com cara de idiota, ou porque sua "gatinha" ria com animação demasiada durante uma conversa com um velho amigo, ou ainda porque no passado bem distante ele ou ela eram, digamos, bem populares, o que rendeu uma longa lista de casos amorosos. Agimos por puro medo, medo de perder, de ser substituído, de ser traído ou de não corresponder às expectativas.

No trabalho, agimos por amor quando confiamos no nosso talento, quando ouvimos as críticas tentando aprender, quando dividimos conhecimento com nossos colegas. O ambiente fica mais leve e infinitamente mais produtivo. É preciso agir com amor no trabalho, sim! Afinal, passamos mais tempo na labuta do que com a nossa própria família. E se o que tiver mais valor for o medo? Aí, prepare o colete salva-vidas, porque o barco vai afundar! O medo nos leva a ver todos como concorrentes, e isso só nos torna um estorvo para a nossa própria ascensão. Não dá pra crescer sem levar todos junto e não dá pra confiar no sucesso se o medo alimenta a insegurança.

Papais e mamães são exemplares na demonstração da balança que, ora pende para o lado do amor, ora para o lado do terror (acho que neste caso a palavra medo fica fraquinha para demonstrar nosso pânico). Enchemos os pequenos de amor, mas quando eles crescem, mostram as garrinhas e nos afrontam cheios de desejos, vontades e até boas doses de arrogância. E olha que não estou me referindo à fase da adolescência... Bastam dois anos de vida para o anjo mostrar que também tem chifres. Reagimos com amor ou com medo? Quando respiramos fundo, e orientamos nossos filhotes sobre qual é o comportamento mais adequado, estamos amando, e principalmente confiando que esses ataques de rebeldia não são nada além do processo natural de crescimento.

Mas, vamos à realidade! Na maior parte das vezes, ou melhor, depois da décima quinta conversa civilizada, sucumbimos ao medo e a casa cai! A casa pode ser que não, mas confessa, vai! O desespero é tão grande, que, muitas vezes, temos pelo menos a vontade de arremessar na parede alguns vasinhos de flor e pratos da cozinha, ao invés de ensinarmos mais uma vez a importância do respeito e da educação. Isso é medo! Medo de que os filhos não aprendam as lições da boa convivência em casa e tenham que ser ensinados pela vida, que é muito mais Super Nanny do que nós.

Ter consciência de que é sempre melhor escolher o amor do que o medo não vai nos tornar da noite para o dia pessoas mais confiantes e realizadoras, mas... vai por mim! Identificar o caminho a ser seguido já é um passo importante. Mesmo que a gente escolha a pista errada, sempre dá para encostar o carro e procurar o retorno mais próximo.

## PRECISO DE UM TEMPO...

Fim de tarde em um domingo ensolarado. Depois do cinema, ele vai te deixar em casa, mas antes da despedida, faz cara de sério, e com voz ainda firme, diz:

— Preciso de um tempo.

Uma onda gelada percorre todos os ossos da sua coluna vertebral, a barriga dói e, mesmo com a visão turva, você tenta manter a pose pra não cair no choro.

Aposto que nove em cada 10 mulheres (e homens também...) já passaram por situação semelhante. Parecia tudo bem com vocês e, de repente, as estruturas daquele amor declarado tantas vezes ameaçam desabar.

O que era um lugar seguro para viver agora virou uma casa mal-assombrada. E os fantasmas estão por toda parte, disseminando a dúvida e o medo.

*Será que ele ainda me ama? Por que não quer minha companhia? Ele vai ligar amanhã, ou na semana que vem ou só no mês que vem?* Dá vontade de se esconder debaixo da cama e esperar que alguém te acorde desse pesadelo.

Este é o raciocínio de quem está do lado de cá, na amarga posição conhecida como "será que sobrei?". Nessa hora, o telefone não toca, o e-mail não chega, o tempo rasteja. Mas, nem sempre "pedir um tempo" significa um ensaio para o fim do relacionamento. Muitas vezes, é só uma tentativa desesperada de fazer tudo em volta se calar para conseguir ouvir a própria voz.

Estar sozinho é fundamental para perceber com sinceridade nossos desejos. Nem sempre é fácil descobrir o que se quer de verdade. Pode ser que pedimos um tempo para alguém que se quer bem porque queremos resguardar esse amor de alguma turbulência que precisamos enfrentar.

Eu sei que o coração passa o dia apertado de saudades e que a gente torce o tempo todo pra virar uma esquina e dar de cara com ele (e fingir que foi por acaso!). Mas, resista à tentação de conferir sua caixa de e-mails 75 vezes por dia e verificar as ligações no celular a cada cinco minutos. Aproveite você também esse tempo! Descubra o prazer de se fazer companhia, cuide-se, faça amizade com você mesma e seja a responsável por aquecer seu coração.

Quando ele voltar, ou mesmo se ele decidir seguir por outros caminhos, você já terá aprendido uma lição de sobrevivência: o que importa é ficar sempre de mãos dadas consigo pra não se perder no caminho das decepções.

## Felicidade: um prato doce e amargo

Minha amiga querida, que sempre me faz rir, está sofrendo de depressão; outra, com todos os atributos para conquistar o mundo, anda curtindo uma fossa enorme por um amor, dedicado a quem não valia a pena; um amigo doce e alegre tem permitido que probleminhas cotidianos, como o carro estragado e multas de trânsito, levem embora a leveza de sua personalidade encantadora...

Como poderia definir o que eles passam? Estariam infelizes? Sinceramente, acho que não. Podemos passar por *perrengues* e ainda assim nos mantermos felizes. Não estou falando daquela sensação saltitante, empolgante e de euforia que muitos traduzem como felicidade. Isso é ilusão. Ser feliz não significa viver o tempo todo às gargalhadas, achando que a vida é pura curtição. Se nem autores renomados, psicólogos, psiquiatras e mestres esotéricos conseguiram definir a felicidade, não serei eu a me arriscar nessa epopeia. Sem chance. Só estou tentando desmistificar esse sentimento tão desejado pela humanidade ao longo de milênios de civilização, e cada vez mais exigido nos tempos atuais.

O que se vê hoje é uma busca insana pela felicidade, não importa a que custo. Um calvário, rumo a algo que nem sabemos ao certo o que é. Queremos rir o tempo todo! Transpirar alto astral! Vivenciar orgasmos por qualquer prazer! Será que não estamos procurando o que não existe, e que nem sequer nos satisfaria se conseguíssemos encontrar? Pra mim, a felicidade não exige a procura. Ela está disponível dentro de nós, e tem muito mais a ver com a serenidade do que com a excitação de momentos efusivos.

Quem me conhece sabe o quanto gosto da alegria, amo o riso fácil e me jogo na pista em momentos divertidos. Me sinto feliz nessas circunstâncias, sim, mas continuo feliz quando a vida não está tão leve assim... Tenho percebido que posso ficar triste, irritada, apática, silenciosa, sem me considerar infeliz e muito menos permitir que alguém me rotule dessa forma.

Ouso dizer que a dor, o sofrimento, a dúvida, o desânimo, a frustração, são alimentos para a felicidade. Eles nos fornecem mecanismos de autoconhecimento e de reconstrução. Portanto, quando a vida te der um limão, não siga o ditado popular fazendo uma limonada com muito açúcar... Chupe a fruta e sinta o azedo de cada favo. Isso não vai te condenar a ficar com a boca amarga pra sempre. Vai, sim, aguçar seu paladar para quando a sobremesa chegar.

Permita-se a tristeza e dê boas-vindas à alegria. Isso é ser feliz!

## Lições da morte

Hoje faz uma semana que um amigo que amo de paixão perdeu seu companheiro. A morte o levou aos 38 anos, sem aviso-prévio, foram apenas 15 dias entre o diagnóstico terminal e o fim. Momentos como esses sempre me fazem pensar sobre o quanto somos vulneráveis. O destino está apenas em parte nas nossas mãos. Não nos cabe definir o amanhã, apenas sonhar com ele...

A morte é uma professora cruel, e ensina lições que teimamos em esquecer. Afinal, todos sabem que somente os exatos momentos que cabem no presente nos pertencem de fato, mas quase nunca nos lembramos disso! Nos agarramos ao passado, como se o ar das lembranças pudesse preencher nossos pulmões; nos projetamos no futuro, como se nossa boca pudesse sorver cada segundo do tempo que ainda não existiu. Ilusão... Nossos sentidos só se deleitam com o que pode ser consumido agora!

Meu amigo que se foi parecia saber disso. Deixou um exemplo de quem vivia intensamente. Enquanto estava entre nós, não se intimidou com a hipocrisia da sociedade que posa de liberal e nos julga pelas costas. Assumiu seu amor por alguém do mesmo sexo e fez dessa relação uma história como a de qualquer outro casamento feliz — com direito a alegrias, discussões, perdas, fins, recomeços e... saudades.

Se, em vida, ele nos mostrou que valia a pena driblar o preconceito em nome da verdade que transpira do amor entre duas pessoas, quando nos deixou tão rapidamente fez questão de reafirmar que não temos tempo a perder. A vida nos convida a amar, hoje! A fazer do passado apenas aperitivo para o presente — o prato principal — e sonhar com o futuro sem ter medo de que ele não aconteça, sem exigir garantias de felicidade ou certezas de sentimentos eternos.

Então, siga hoje o seguinte roteiro: abrace apertado, beije demoradamente, diga eu te amo, peça perdão, fique de mãos dadas, brinque com seu filho sem olhar para o relógio, telefone para aquele amigo que não vê há muito tempo... e amanhã faça tudo novamente. Quantas vezes você leu algo parecido? Tenho certeza de que já perdeu as contas... A originalidade não é bem a característica deste texto, mas vale mesmo pela repetição. Sabemos que o tempo é curto, mas insistimos em desperdiçá-lo com dúvidas, medos, raiva e mágoas.

Que a morte nos leve, sim, pois a eternidade deve ser enfadonha. E que ela nos surpreenda sempre amando ou sonhando, rindo ou chorando, gozando ou sofrendo, mas, sempre e inescrupulosamente, vivendo!

## Descaminho

Tentei te ligar, mas você não podia atender.
Queria que sua voz desencantasse meu silêncio.
Desejei abandonar a dieta e engolir suas palavras, gordas de sedução.
Imaginei um encontro. Mas meus olhos cansados não ouviram o telefone tocar.
Esperei um convite pra sair, mas tive que beber sozinha minha decepção.
Tudo bem. Já passou... passou a minha dor.

Tentei dizer que podia dar certo, mas você não conseguiu ouvir.
Queria casar; você, adiar.
Desejei ficar e você me pediu pra esperar.
Imaginei uma porção inteira e você me ofereceu menos que a sua metade.
Esperei você voltar e dormi antes de te ver chegar.
Tudo bem. Já passou... passou o meu rancor.

Tentei te fazer sorrir e ainda assim você quis partir.
Queria dar mais um passo, conhecer o amanhã.
Mas nossos pés estavam presos no hoje.
Desejei a cumplicidade; você escolheu a liberdade.
Imaginei sua lealdade e você me revelou a infidelidade.
Esperei o seu pedido de perdão... só ouvi outro senão.
Tudo bem. Já passou... passou o meu amor.

## LIBERDADE: USE COM MODERAÇÃO

Foi depois de várias broncas, diversos gritos e até choros exagerados que ouvi da minha mãe o seguinte conselho: "Dê liberdade a ele que esse menino aprende a ter responsabilidade".

Meu filho estava com 13 anos e a adolescência mostrava suas garras, seu olhar de superioridade, sua arrogância gratuita. Nada de deveres cumpridos e todos os direitos na ponta da língua para serem reivindicados.

Parecia uma contradição liberar o "pirralho rebelde", mas a lembrança da minha própria "aborrescência" me fez reconhecer que o plano poderia dar certo. Eu mesma não fui flor que se cheirasse nos meus primeiros passos rumo à maturidade. A criança tímida e comportada que eu era surpreendeu os pais com um excesso de ousadia, boas doses de revolta e ideias pra lá de vanguardistas. Provei da liberdade, esse doce veneno, e não só sobrevivi a ela, como aprendi muito.

Liberdade é a falta total de limites. Será mesmo? Quem é livre para fazer o que quer não depende do aval de ninguém, não pede autorização, dispensa as regras. Mas, sem correntes, precisa do próprio bom senso pra decidir o que é certo e o que é errado. A liberdade coloca o caráter à prova. O peso das atitudes está sempre sobre os ombros. Qualquer tropeção ou equívoco e... Não dá pra responsabilizar ninguém, além de você mesmo.

Não há culpa, mas tampouco há desculpa. Não há cordas, e tampouco haverá resgate. Não há pecado, muito menos absolvição. A liberdade só é leve se for aproveitada com responsabilidade, e é isso que a torna mais sedutora. Ser livre é promover um encontro constante consigo mesmo, buscar o que há de mais verdadeiro em nós e escolher nossas melhores atitudes.

Sempre cultivei a liberdade nas minhas relações. Com meus filhos, com meus amigos, com meus amores. Ela é como fruta que se colhe no pé, fresca, sem a podridão dos rancores. Se você se sente preparado para provar desse sabor, coma com gosto, se lambuze, molhe sua boca, suje sua roupa, e nunca se esqueça de replantar a semente.

Liberdade que se recebe é liberdade que se doa.

## Faxina geral

Acabei de me mudar de apartamento. Que maravilha, finalmente minha casa própria! É lindo, sim, mas nem a realização do sonho nem a carta de alforria do aluguel foram suficientes para amenizar meu mau-humor com os *perrengues* gerados por uma mudança, somados a obras na cozinha.

Mesmo antes de ver os "homens da mudança" colocarem minha casa inteirinha naquelas caixas horrorosas e desorganizadas, eu já estava à beira de um ataque de nervos, sem dormir e levando à loucura os que sobreviviam à minha volta.

Tenho que confessar, não convivo bem com bagunça. Objetos fora do lugar me causam aflição. Evolui bastante em relação a essa neurose depois que tive três filhos homens. Ou eu melhorava ou me afogava no vaso sanitário! É impressionante o potencial masculino para espalhar as coisas e, mais surpreendente ainda, a total incapacidade para achar até as próprias cuecas. Tá ali, na cara! Mas eles têm uma cegueira que só pode ser explicada pelos hormônios.

Sou do tipo que a-do-ra uma faxina! Se estiver nervosa, então... é uma terapia! Limpar as sujeiras nos cantinhos do fogão com palito até ele ficar irreconhecível me faz esquecer que meu filho está em recuperação na escola — de novo. Arear as panelas até elas virarem espelhos leva embora a lembrança do meu saldo bancário. E organizar o armário e as gavetas por tons, modelos e estações? Isso sim, é a glória absoluta!

Louca, eu? Aposto que tem um monte de gente com mania igual. Isso deve ter uma explicação psicológica. Gosto de tudo no lugar, muito além da estante de livros, da prateleira de bolsas ou da caixa de brinquedos dos meus pequenos. Gosto de mim mesma no lugar certo! E ando precisando fazer uma faxina aqui por dentro...

Tenho me sentido como uma cristaleira, daquelas bem antigas, cheias de bibelôs sem nenhuma utilidade. Basta um empurrão e tudo o que há dentro — sentimentos, rancores, amores, dúvidas — vai pro chão, em pedaços, sem qualquer chance de colar os caquinhos.

Preciso abrir minhas gavetas emocionais, jogar fora o que não uso mais, o que não cabe na pessoa que sou. Há roupas fora de moda ocupando o lugar de outros modelos, mais libertadores. Há poeira nos cantos, impedindo que seja leve o ar que respiro. Os remédios, que antes amenizavam as dores, também já estão com a validade vencida. Não funcionam mais... Meus pés cresceram, querem dar passos maiores, mas os sapatos antigos não entram. Preciso de novos, ou melhor, preciso dos pés descalços, para sentir se o frio do chão me refresca ou se o calor me faz caminhar mais rápido.

As cortinas de esperança estão pesadas de sujeira, impedindo o vento de anunciar a chuva que vem limpar a alma. A decoração já não tem mais a mesma graça, a mesma alegria. Há entulho de mágoas e medos pelos corredores. Amontoados, impedem a passagem, a saída, o encontro.

É preciso colocar tudo nas caixas, sim, e depois tirar só aquilo que nos faz feliz. É preciso tirar a vida a limpo, mesmo que isso quebre nossas unhas, nos deixe descabeladas e um tanto cansadas.

Vai por mim, a sensação depois é de que tudo vai dar certo!

## Parabéns pra você...

Com festa ou sem, fazemos aniversário todos os anos. Mas, às vezes, tenho a sensação de que a vida passa em décadas. Pelo menos comigo é assim. Quando o primeiro dígito muda e o último se torna o número 0, percebo um ciclo se fechando.

É como se o tempo marcasse um encontro para bater papo. Conversamos sobre o que passou, o que mudou e como eu quero que seja dali pra frente.

Foi assim aos 10, aos 20, aos 30 e agora... aos 40 anos. Há quem diga que cheguei ao pico da montanha. Se acreditasse nisso, celebraria meu auge nos próximos doze meses e depois começaria a descer a ladeira... Não gosto dessa interpretação, até porque não me dou bem com altura. Idade da loba? Também não me cabe. Ela tem o focinho grande demais, e já fiz rinoplastia há muitos anos.

Piadas à parte, reconheço que chegar à quarta década é um desafio à autoestima: a dieta do alface não faz mais o mesmo efeito, será preciso virar marombeira e reduzir as calorias a quase zero para manter o corpinho de 39; e da noite para o dia, o espelho vai revelar que as rugas, antes discretas, aumentaram a ponto de transformar seu rosto em um detalhado mapa hidrográfico. Se considerarmos a expectativa de vida dos brasileiros, estou, na melhor das hipóteses, na metade da minha vida. E agora?

As revistas femininas dizem que devo passar bem longe do cigarro, beber pouco ou quase nada, fazer exercícios com regularidade e economizar para ter uma velhice digna. Em uma palavra, a receita pede moderação! Se quando eu tinha a vida toda pela frente já não gostava dessa regra, imagine agora, quando o que me resta é só a metade!

Aos 40 anos, a linha de chegada se mostra mais próxima, e me recuso a perder qualquer prazer nessa caminhada. Isso não significa que abandonarei os deveres de mãe, que chegarei atrasada todos os dias no trabalho ou que deixarei de pagar o cartão de crédito. Quero apenas experimentar o tempo sem me preocupar com ele: não ter medo da morte, e muito menos da vida.

## O FIM DAS COISAS

Almoço de domingo em família. O evento semanal, realizado em nove de cada 10 famílias mineiras, pede assuntos assépticos. Nada de futebol, religião ou política. O máximo que se chega perto dos esportes é comentar as ultrapassagens, as batidas e os resultados da Fórmula 1. E foi assim que meu cunhado chegou ao tema a que me dedico hoje.

— Vocês viram aquele piloto? O Michael Schumacher? O cara devia ter continuado longe das pistas, encerrou carreira e agora volta para não se destacar... Esperto mesmo foi o Pelé, parou no auge e é lembrado até hoje como o melhor jogador do mundo.

Sábias palavras. Quase sempre deixamos esgotar todas as possibilidades dignas de abandonar uma história antes de sair de cena. E quase sempre transformamos algo que renderia boas lembranças em rancores e corações partidos. Isso vale pra tudo: amizades, casos de amor, trabalho.

Pendurar as chuteiras enquanto ainda se bate um bolão! Não é fácil, mas é o mais recomendável. Pelo menos quando se trata de algo que faz a gente feliz, dá prazer, e resgata em nós a vontade de viver, mas que, por um motivo ou outro, já atingiu o prazo de validade. O desafio é saber a hora de deixar o gramado, ou as pistas. Nem sempre há um apito final ou sinal vermelho pra nos alertar. E às vezes deixamos passar, permitimos que o tempo e os conflitos desgastem o que há de mais emocionante em cada gol ou ultrapassagem.

Se não faltarem coragem e lenços em casa para enxugar as lágrimas, o melhor mesmo é tirar o time de campo. Desvencilhar-se de algo bom não é tarefa para qualquer um, só mesmo para atletas, acostumados ao primeiro lugar no pódio da felicidade. Porque é só isso que merecemos da vida e precisamos buscar: nada menos do que a alegria plena. Se a corrida rumo à linha de chegada já está nos exigindo um fôlego que não temos mais, se a cada braçada você parece continuar no último lugar da piscina, se os empates e derrotas têm te mantido na zona de rebaixamento, volte pra casa com seus troféus e agradeça por não ter se contundido na última partida. Não vá a nocaute insistindo em lutar pelo que não mais te pertence.

Não se iluda, a falta da adrenalina provocada pelo romance enlouquecedor, ou pelo trabalho que te excitava tanto, vai te levar a crises de abstinência. O coração vai doer, o ar vai faltar nos pulmões e o dedo vai coçar para fazer uma ligação desesperada. Mas permanecerão as boas memórias, e restará a sua própria companhia. Cubra-se de mimos, de carinho, e prepare-se. O fim de algumas coisas é sempre o começo de outras... Mesmo que o mundo gire e te coloque no mesmo lugar que você deixou, não será o mesmo lugar, você não será a mesma pessoa e esse novo jogo vai estar apenas começando.

## Três ou mais corações

"Depois que nos tornamos pais ou mães teremos sempre um coração batendo fora do nosso corpo."

A frase foi ouvida por uma amiga em um seriado de TV e depois recontada ao pé do meu ouvido, onde preencheu completamente um vazio de incompreensão que convivia comigo desde que protagonizei o milagre de gerar um bebê. Entendi, de maneira simples e clara, porque padecemos tanto com os sofrimentos dos nossos pequenos (mesmo depois que eles já estão crescidinhos).

Há dois meses rodo consultórios, laboratórios e clínicas de radiologia em busca de explicações para uma dor na perna do meu filho. Ela aparecia apenas quando ele se deitava, mas agora já incomoda também quando ele se senta. Por causa disso, ele tem dormido com frequência na minha cama e a tortura é ouvir os gemidos e sussurros mesmo quando ele já está quase vencido pelo sono. Me pergunto: *Por que essa dor não é em mim? Seria muito mais fácil lidar com ela...*

E esta é a lógica dos pais. Sentimos as dores dos filhos como se estivessem enraizadas em nosso corpo. Tentamos afastar o sofrimento com todos os remédios, e o pacote do tratamento inclui muitos carinhos, cuidados, mimos, orações e, quase sempre, algumas gotas de Dipirona. O alívio de ver o sorriso de volta, a bagunça pela casa e até a pirraça para tomar sorvete em plena crise de bronquite é indescritível. A sensação é de que TUDO dali pra frente vai dar certo! Nunca mais eles ficarão doentes, jamais vão chorar novamente e serão felizes pra sempre (o tempo todo, de preferência!).

E quando a dor é no coração? A depressão da filha adolescente desiludida com o primeiro namoro frustrado, o choro de raiva do menino humilhado pelos colegas da escola por ser o menor da classe, o olhar perdido da criança que não consegue entender por que papai e mamãe não moram mais na mesma casa... Essa dor dói na alma da gente! É como se corroesse nosso estômago e fizesse sangrar nossa pele. Não há remédios tão eficientes que, com algumas doses, exterminem o sofrimento. Nosso coração bate no corpo do nosso filho, mas nossas mãos não podem agir por ele, nossas pernas não podem recuar aquele passo que o afastaria do abismo, nossas lágrimas não aceleram o processo de recuperação da autoestima, nossa culpa não os protege do medo.

Somos abatidos pela impotência. Não podemos blindar das dores quem mais amamos, e esse é o grande desafio de ser pai ou mãe. O sofrimento é um ingrediente natural da vida, e um professor das lições mais importantes. Mas, aqui entre nós... somos guerreiros e não podemos ficar fora da arena dos leões. Por isso, vai uma dica: a Dipirona não funciona para as dores da alma, mas os abraços apertados, beijos demorados e conversas sinceras baixam qualquer febre emocional... Não têm contraindicação nem efeitos colaterais.

## Pra curar as feridas

Quatro meses depois que queimei minha mão por acidente, retornei ao médico que me atendeu nos primeiros dias. As bolhas já se foram, mas a nova pele que cresceu sobre a ferida ainda está sensível e de uma cor diferente, o que dá à mão uma aparência manchada e não me deixa esquecer completamente da dor sofrida na época. Preocupada com as sequelas estéticas do desastre, perguntei ao médico se ficaria assim pra sempre. Ele disse:

— A pele só vai estar totalmente cicatrizada um ano depois da queimadura, as manchas ficarão mais discretas, mas sua mão jamais será como antes.

É assim com as feridas do corpo... é assim com as feridas da alma. Algumas demoram mais pra parar de sangrar, outras desaparecem rapidamente, muitas deixam marcas e, com exceção dos casos mais graves, todas cicatrizam.

Entendo bem de cicatrizes. Não sei por que motivos cármicos, mas já fui operada dez vezes. Tenho intimidade com centros cirúrgicos, anestesias, pós-operatórios dolorosos e, claro, guardo em várias partes do meu corpo as marcas provocadas pelos bisturis. Elas não me incomodam, fazem parte da história da minha vida e são como troféus de momentos de superação e renascimento.

No início do processo, a dor e o incômodo levam embora a esperança de melhora, mas, não duvide, tudo passa! E há estratégias para sobreviver a esse período sem enlouquecer com o sofrimento. Se te machucaram, não há outra opção a não ser curar a si mesmo! Chore tudo o que tem pra chorar, fale dos seus sentimentos com quem te quer bem até o assunto se esgotar, beba sozinha ouvindo Adriana Calcanhoto e acorde de ressaca. Não fugir da dor faz parte do processo de cicatrização.

Depois da fase *punk* dê-se uma nova chance. Olhe-se no espelho e tente encontrar no fundo dos olhos a resposta para a seguinte pergunta: "Que tipo de pessoa você quer ser daqui pra frente?" Se a resposta ainda for depreciativa, volte para o estágio inicial e, dessa vez, coloque no som um CD de Elis Regina (de preferência algum em que ela também chore com você enquanto canta...).

Mas se a resposta for algo do tipo "quero me reconstruir", não titubeie: escolha a melhor roupa, capriche na maquiagem para apagar as olheiras da noite maldormida ou passada aos prantos e "coloque o bloco na avenida". Vai no automático, mesmo! O importante é sair do coma, mesmo que a vontade de se internar num CTI emocional seja maior do que o desejo de se levantar da cama pela manhã. O momento é de tirar o foco da dor e deixar que a ferida ganhe umas "casquinhas" de proteção. Busque esquecer o quanto arde e corrói a falta de uma pessoa querida, uma amizade rompida ou um amor frustrado. Deixe o corpo e a alma descansarem um pouco. Você precisa de uma trégua!

O tempo é fundamental, e enquanto ele passa... tente sorrir, e vai ver que você fica bem melhor assim. Tente sair de casa e falar "abobrinhas" com os amigos queridos; você vai se surpreender dando gargalhadas. Tente olhar para os lados e vai encontrar mais motivos para ter alegria do que para se entregar às lágrimas. Tente ser feliz novamente... e você vai perceber que está conseguindo!

Esta não é uma receita única, e muito menos infalível. São apenas observações de quem tem experiência suficiente para diagnosticar a evolução das feridas do corpo e da alma, do coração e do espírito.

Minha mão nunca mais terá a pele suave e homogênea

de antes, mas continuará servindo para fazer carinho nos meus filhos, para apertar a mão de velhos amigos ou novos conhecidos, para alimentar meu prazer de escrever. Já vi meu coração em pedaços algumas vezes, e ele também não é tão ingênuo nem tão leve quanto no passado... Mas nunca deixei que perdesse a capacidade de amar! Isso sim, seria condená-lo a sangrar até a morte.

E eu prefiro a vida!

## Papai Noel... nem ele é de verdade!

Dia 26 de dezembro! Sabe o que torna essa data uma das minhas preferidas no calendário? É que nesse dia falta exatamente um ano para o próximo Natal. Que me perdoem os duendes, os elfos mágicos, as renas e os apaixonados pela data, mas realmente não gosto nem da véspera, nem do dia e muito menos da euforia que envolve o dia 25.

Dezembro está entre os maiores meses do ano. Com 31 dias, pode até "tirar sarro" de fevereiro. Mas, nada é suficiente para esse engolidor do tempo alheio. A cada ano que passa, dezembro começa mais cedo. Vi lojas decoradas de vermelho e branco em pleno setembro, e não duvido que num futuro próximo o furor consumista "emende" um Natal no outro.

Já usei várias estratégias para escapar das ciladas do Natal. Há dois anos, comprei todos os presentes com antecedência, e quando me preparava para comemorar o feito de não ter enfrentado sequer uma fila de caixa, eis que minha memória acrescentou à lista os filhos da faxineira e o meu amigo oculto que, é claro, não poderia ser sorteado dois meses antes. Lá fui eu para minha saga!

No ano seguinte, tentei fingir que nada estava acontecendo. Já que o transtorno é sempre inevitável, então que eu vivesse os momentos de terror apenas na semana da véspera. Até a árvore foi montada no dia 23... de dezembro mesmo, pode acreditar! A "Corrida Maluca" pelos corredores de shoppings e estacionamentos durou apenas dois dias. Sucesso total! Mas o Natal reserva outras chatices...

Quando a noite do espetáculo chega, somos todos atores num palco com comida demais, bebida demais, sentimentalismo demais! É como se a realidade perdesse lugar para a Ilha da Fantasia. Os que não se dão bem o ano todo se abraçam e trocam presentes de amigo oculto (parece brincadeira, mas o sorteio dos nomes cria "cada" situação!). As crianças fingem ser boazinhas, afinal é a última chance de "fazer o filme" com o Papai Noel. Os adolescentes disfarçam o tédio com cara de paisagem.

Se a família é grande e não estão todos reunidos na mesma casa, prepare-se para uma maratona. Nem Papai Noel, com a missão de entregar presentes a bilhões de criancinhas no mundo todo em menos de 24 horas, enfrenta um desafio como o seu! Afinal, ele tem à disposição um trenó puxado por renas mágicas, e você, na melhor das hipóteses, tem que atravessar a cidade de carro e com cara de feliz! Qualquer minuto a mais na casa da sogra pode deixar a mãe enciumada (ou vice-versa). E o afilhado? Esqueceu que é preciso dar uma passadinha na casa dele pra mostrar aos compadres o quanto você é uma madrinha atenciosa? Não é a medida do tempo que está em jogo, e sim a medida do afeto!

O Natal exige serenidade, harmonia, amor ao próximo, felicidade! Tudo de uma vez e em doses cavalares! Perfeito para casais felizes, mamães grávidas, jovens que acabaram de passar no vestibular e idosos que gozam de boa saúde. Mas se você não tem uma família perfeita, perdeu alguém querido no último ano, terminou um casamento ou enfrenta uma doença grave... pode agendar o choro! O Natal é um convite ao sofrimento, e com hora e data marcadas pra sentir saudade do que já foi, ou até do que nunca foi um dia.

Ok. Eu estava rabugenta naquele Natal. Já lidei melhor com a data, mas ando afiada e crítica com a necessidade de manter as aparências, típica dessa época. *I'm sorry,* Papai Noel, mas prefiro o Coelhinho da Páscoa...

# Margaridas

**Bem te quero.**

Quero ficar de mãos dadas até o dia acabar, tocar teu corpo na madrugada e despertar nosso prazer. Quero que me surpreendas com uma vontade incontrolável, um desejo impaciente, um beijo roubado, um toque ousado. Quero te esperar, te ansiar, te devorar, me saciar.

**Mal te quero.**

Quero que te afastes para eu respirar, que me deixes sem reclamar, que pares de falar. Quero tuas mãos bem distantes, tuas opiniões bem guardadas e tuas inseguranças desprezadas. Quero-te fora de mim, quero apagar teus vestígios, varrer teu rastro, apagar teu rosto da minha memória.

**Bem te quero.**

Quero te ver todo dia, te ligar toda hora, te tocar até o tempo perder a noção de espaço. Quero beijar teus pés, iluminar teu caminhar, acordar teu riso, dormir em teu abraço. Quero te fazer sonhar e realizar o sonho. Quero respirar o teu ar, te suspirar.

**Mal te quero.**

Quero te castigar pelos erros, torturar tuas certezas, alimentar tuas dúvidas, enlouquecer teu ciúme. Quero rasgar nossas fotos, queimar teus livros e arranhar teus discos. Quero ignorar nossas lembranças, esquecer nossa história, testemunhar nosso colapso.

**Bem me quero.**

Quero de volta minha parte mutilada, quero a paz de me sentir amada, quero o presente sóbrio e o futuro certo. Quero a certeza, e não a dúvida. Quero o encontro, e não a discórdia. Quero partilhar, e não dominar. Quero dormir sem me sedar. Quero perdoar e não condenar. Quero amar e gozar. Quero a mim e quero a ti. Quero eu e quero você.

## A PRÓXIMA CRUZADA

Quem tem mais de 30 anos ou um mínimo de interesse por cinema, com certeza, se lembra da cena do filme "Indiana Jones e a Última Cruzada" em que Harrison Ford precisa caminhar sobre um abismo pra pegar o Santo Graal. O personagem não vê o chão, mas assim que confia e dá o primeiro passo, aparece sob seus pés uma ponte que o leva até seu objetivo.

Pois é exatamente assim que tenho me sentido ultimamente. Não sei bem qual caminho estou seguindo, mas estou certa de que ele aparecerá na medida dos meus passos.

Haja confiança... Tem dias que o andar é firme e seguro, mas, em outros... até olho para cima e para os lados, evitando trair minha fé e descobrir o enorme buraco aberto bem abaixo dos meus pés. Por mais desesperador que pareça, ainda é bem melhor do que minha posição anterior: paralisada pelo medo e sem coragem para encarar a viagem até o outro lado do precipício.

Cansei de esperar pela hora certa, o momento em que estivesse pronta para o desafio. Na verdade, acho que o instante ideal é uma ilusão, um engodo de segurança, uma desculpa esfarrapada para deixar a vida como está e não abandonar o terreno protegido e quase sempre enfadonho que habitamos.

Sou adepta dos grandes passos, apesar do temor que me assombra. Acredito mesmo que a vida precisa de movimento, e que as transformações ou a realização dos nossos desejos dependem de uma iniciativa nossa. Pode ser grande ou pequena, não importa. Dê um telefonema, mande um e-mail, um sinal de fumaça... Se não há dinheiro, tempo ou disposição para rodar o mundo, saia de casa mesmo que seja apenas para dobrar a esquina, mas nunca, nunquinha mesmo, fique parado diante de uma situação.

O que me dá mais medo no caminhar sobre o incerto não é exatamente o risco da queda, dos ferimentos, nem mesmo a nostalgia do que estou deixando para trás. É o pânico de que do outro lado a água não seja tão limpa, a grama não seja tão verde e as pessoas não sejam tão amáveis quanto imaginei. A decepção é uma bebida amarga demais para o meu estômago frágil.

Como tenho pensado sobre isso dia e noite, tudo tem me servido de reflexão. E foi no cinema vendo um filme infantil com meus filhos que uma frase me chamou a atenção. Na produção da Disney, "Enrolados", a princesa presa por 18 anos em uma torre está prestes a realizar o sonho de ver de perto um espetáculo de lanternas enviadas ao céu. Pouco antes do início do show, Rapunzel sente muito medo de que, ao virar realidade, o desejo de uma vida inteira não seja tão impressionante e mágico quanto ela imaginou. Resposta do galã que, mesmo sendo uma animação, me impressionou pelos cabelos jogados na testa: "Se não for como você imaginou, você só terá que arranjar outro sonho pra sonhar..."

E então, às quatro da tarde de uma quarta-feira, segurando dois sacos de pipoca e dois refrigerantes nas mãos e ainda tentando me adaptar aos óculos 3D, descobri a saída para vencer o meu medo de realizar sonhos: renovar! Sonhar de novo, mudar, ou até mesmo desejar de um jeito diferente o que ficou pra trás.

Sempre haverá um novo caminho a seguir. Além de muito charmoso, o "bandido-príncipe em potencial" que protagonizava o filme era também bastante perspicaz!

# A ÁRVORE DA TOLERÂNCIA

Ainda me lembro como se fosse ontem, e na verdade já faz muito tempo. Éramos crianças, eu e meus quatro primos com idades próximas. O quintal da minha avó era o nosso playground, sem escorregadores, piscinas de bolinha, mesas de pingue-pongue ou totó, mas com muita imaginação. O balanço ficava amarrado na árvore, o pé de figo cresceu de um jeito que se parecia muito com um carrinho, com direito a acelerador e câmbio de marchas, o milharal nos fornecia bonecos de cabelos longos e sedosos.

Uma das minhas diversões favoritas era brincar de "vendinha" no balcão de marcenaria do meu avô. Tirávamos a sorte no palitinho para ver quem seria o primeiro a fazer o papel do comerciante. Nas prateleiras, improvisadas com restos de madeira, ficavam expostos os "bolos" feitos de barro e enfeitados com grãos de milho verde, as embalagens de shampoo e pasta de dente recuperadas do lixo e magicamente transformadas em produtos de "luxo" na mercearia, além dos arranjos de flores frescas que serviam pra enfeitar nossas "casas" espalhadas pelos cantos do quintal e delimitadas com toras de lenha.

O que vendíamos era o que menos importava. O melhor mesmo era chegar à loja com os bolsos cheios de dinheiro e negociar os preços. O dinheiro? Eram as folhas do pé de laranja. As maiores valiam mais e as menores costumavam ser troco. Reconheço que temos muita responsabilidade na falência produtiva daquela árvore. Não economizávamos na ida ao nosso "Banco Central" e arrancávamos muitas folhas.

Tempo bom de lembrar. Mesmo sem computadores, videogames, bonecas que falam uma dezena de frases, tive uma infância deliciosa. E não é que a minha viagem pelo passado foi interrompida por uma briga feia entre meus dois filhos menores? Motivo? Os dois queriam o controle remoto da TV e não se entendiam sobre qual canal iriam assistir. Nem os meus insistentes argumentos de que havia outros aparelhos em casa e que eles poderiam ver programas diferentes na sala ou no meu quarto acalmaram os ânimos. Resultado: os dois ficaram sem TV. Se ninguém cede, perdem todos!

A lição que tentei ensinar aos meus filhos hoje vale para a vida toda. E eles, com certeza, terão oportunidades de recordar o que aprenderam ao vivenciarem outros relacionamentos. Eu mesma aproveitei a discussão entre as crianças para calibrar minha tolerância, pois nem sempre tenho disposição para abrir mão dos meus desejos e fazer a vontade do outro. Mas, é preciso. Em filas de supermercado, temos que ter paciência pra compreender a demora daquele senhor com dificuldades de lembrar a senha do cartão de crédito; no trabalho, precisamos doar algumas horas a mais do que as exigidas no contrato para que a reportagem seja finalizada no mesmo dia; no namoro, é melhor sorrir ao atender aquele telefonema que demorou três dias do que cobrar pontualidade de quem nem imaginava a hora marcada pela nossa ansiedade.

Depois que o pé de laranja da minha avó morreu, descobri que dinheiro não nasce em árvores, e hoje espero ter ensinado aos meus filhos que tolerância é um adubo essencial para cultivar relações leves e felizes.

## PARA AS DORES: BISTURI E CORAGEM

Uma fração de segundos, um piscar de olhos...e o poder devastador da queimadura me fez gritar com violência a dor que tomava conta da minha mão. O antes e o depois nunca estiveram tão nitidamente separados pelo tempo: em um momento, eu estava bem, independente, podendo agir como bem entendesse; no outro, a ferida não deixava dúvidas de que o sofrimento ainda me exigiria muita paciência, as limitações seriam inevitáveis e a aparência da minha mão só voltaria ao normal nos próximos seis meses.

Minha condição de paciente me fez pensar nas diferentes dores que enfrentamos nesta vida — as do corpo e aquelas que cortam a alma, as escancaradas que nos fazem gritar sem censura e aquelas que nos machucam devagar, dia após dia, arrancando de nós, no máximo, algum tímido gemido.

Para pensar sobre elas, me arrisquei numa comparação: seria pior a dor de um tiro, ou a dor insistente de uma inflamação no joelho? O tiro te leva para o hospital, para a mesa de cirurgia, sem tempo para indagações ou análises da situação. É uma emergência, os riscos são enormes e para salvar sua vida tudo é válido e deve ser feito rapidamente. Se você sobreviver, nada será como antes. O susto e o trauma vão te obrigar a ser mais cauteloso e, com certeza, quem esteve tão perto de passar para o "lado de lá" vai dar muito mais valor à vida, e fazer, ou pelo menos tentar, de cada segundo um tempo importante para ser desfrutado.

E se o problema é a tal inflamação no joelho? Bom, essa não dilacera sua carne, não ameaça sua vida e incomoda mesmo só quando você se atreve a investir em movimentos mais ousados. Dói pouco, mas quase sempre. Muitas vezes, na correria do dia a dia, você até se esquece dela e vai deixando o incômodo por ali, bem guardado, discreto, mas sempre presente, quase preservado para a eternidade. E este é o perigo das pequenas dores, do corpo e da alma. Elas não nos obrigam a grandes mudanças, não nos ameaçam a serenidade, mas corroem pouco a pouco a nossa sanidade mental.

A grande dor do corpo me fez pensar nas traiçoeiras pequenas dores da alma. É imprudente não estar atenta a elas, é preciso tornar urgente a cura da doença ou do que nos torna doentes do espírito. É preciso arrancar de nós o que nos faz sofrer, passar por cirurgias, sim, enfrentar o medo, o risco da morte, para viver sem dor.

A dor é inevitável, faz parte da caminhada, mas tem que ser enfrentada e não escondida debaixo do tapete da hipocrisia. Portanto, bisturis nas mãos para preservar a saúde!

Fingir que nada dói não diminui a dor. Se no corpo seu efeito pode agravar uma doença simples, na alma pode matar qualquer chance de felicidade.

## Hora de (des)descansar

Ah, férias! Ficar de pernas pro ar... Não ter que se preocupar com horários e tarefas... Nem com as demandas escolares dos filhos...

E aquela viagem com a família toda? Será uma oportunidade perfeita para descansar e recarregar as baterias? É... esse é o primeiro pensamento que passa pela minha cabeça quando bato o ponto ao final do último dia de trabalho. Mas o que deveria ser um paraíso, tem lá seus inconvenientes ao deixar de ser plano para se tornar real.

Para começar, as férias dos nossos pequenos são pelo menos duas vezes maiores do que as nossas, simples trabalhadores com direito a, no máximo, um mês de descanso remunerado por ano. Isso significa que beeeem antes de se despedir do seu chefe você vai enfrentar uma batalha diária com sua prole.

Você está no escritório e seu celular toca pela quinta vez antes do meio-dia:

— Mãe, o que vou fazer hoje? Não tem nada de legal aqui em casa.

— Vai ver TV, meu filho. Ou jogar videogame com seu irmão.

— Já fiz isso ontem...

— Então, quando mamãe sair daqui, podemos ir ao cinema ou passar na locadora de vídeos...

— Já fiz isso anteontem... Você podia me levar pro clube!

— Não dá, meu querido, não posso sair do trabalho assim...

— Tá tudo muito chato... Posso te ligar daqui a pouco pra ver se você teve alguma ideia?

— Claro, meu amor. Mas a bateria do celular está quase no fim. Um beijo!

E assim que termina a ligação, você desliga o telefone na esperança de ter algumas horas de tranquilidade para terminar os projetos pendentes antes das férias. *Vai entender essas crianças. Elas gostavam tanto de ver TV e jogar videogame durante o período letivo...*

E enfim, o dia chega. Tchauzinho, trabalho! Volto daqui a 30 dias! Mal você abre a porta de casa cantarolando de felicidade, e já combina vários programas com as crianças para o dia seguinte. Despede-se da empregada, que também vai tirar alguns dias de folga, afinal, você só tem como dar férias a ela quando você está em casa (nesse momento, ainda não se deu conta de que essa ideia foi uma roubada). Você planejava dormir cedo para passar a manhã no clube, mas as demandas por jantar, suco, pipoca, sorvete, pipoca de novo, são tantas, que você cai na cama à uma da manhã. Até nos sonhos dá para ouvir: "Mamãe, mamãe, mamãe..."

Triiimmmm! O despertador tocou? Mas eu não estou de férias? Ah, me lembrei... É que prometi acordar cedo para levar as crianças à piscina e depois andar de bicicleta na praça. Ao final da primeira semana, você já está arrependida de ter dispensado sua ajudante. Nas próximas férias vai economizar um pouco mais para contratar uma substituta. Nos últimos sete dias, você cozinhou, lavou, passou, limpou, foi ao supermercado dez vezes, nadou, sangrou o nariz na tentativa de defender uma bola (a posição de goleira foi a única em que te aceitaram no time infantil), disputou WAR por doze horas seguidas (esse jogo não acaba nunca?), recebeu quatro amiguinhos dos filhos pra dormir em casa (na mesma noite). Será que devo ligar para o meu chefe e perguntar se ele não quer que eu volte? Afinal, preciso descansar!

Acreditando que tudo ficará bem quando chegarem à praia, você desiste da ideia e começa a fazer as malas. Ó, mar...

como eu te amo! Entre banhos de protetor solar nos filhos a cada duas horas e apelos constantes para que não se afastem de seus olhos, você consegue beber uma cervejinha e conversar com sua irmã e sua mãe, que toparam te acompanhar na viagem. Mas com quem você mais interage de verdade são os vendedores de picolé e queijo coalho. Afinal, as crianças a-do-ram! E eles a-do-ram você, que já garantiu o 13º salário da economia informal da areia!

Fim de férias. Estão todos felizes e realizados? Sim! Inclusive eu, que dormi bem menos do que planejava e trabalhei bem mais do que gostaria: é que as mães têm o dom de transformar tarefa em prazer, cansaço em alegria, dedicação em amor. Não há nada mais revigorante do que passar dias de ócio ao lado dos filhos (mesmo que o ócio não seja o seu). Mas, no ano que vem, vou reservar pelo menos uma semana só para mim. Preciso me lembrar de tirar férias das férias...

## Dia e noite... noite e dia...

Todo dia ela é acordada pelo mesmo raio de sol. A cortina entreaberta permite que a claridade leve o sono embora sem que seja totalmente despertada para a vida, apenas o necessário para cumprir seus deveres de mãe, esposa, profissional. Evita a exposição exagerada à luz, pois isso poderia revelar a mediocridade do seu dia a dia. Prefere as sombras. São mais seguras para quem não quer ver tudo que há para se viver.

O café com adoçante não agrada o paladar, mas é preciso manter as medidas do corpo e das atitudes. Contidos também são seus passos até o armário, onde escolhe a roupa para vestir. Hoje, quer colocar aquela blusa nova, colorida, exuberante. Experimenta. O tecido é leve, realça suas formas. E dá medo. Melhor não ousar. Escolhe o modelo de sempre e sai de casa vestida com a prudência do terninho cinza.

Por trás dos óculos está a salvo das impressões alheias. Cumprimenta a vizinha que desce no elevador, o porteiro, o motorista de táxi, os colegas de trabalho; e comemora intimamente uma vitória mesquinha: ninguém percebeu que o seu olhar de hoje repete a mesma fadiga de ontem, anteontem, da semana passada, das últimas décadas. Mais uma vez, sua felicidade aparente nocauteou sua infelicidade latente.

O dia segue. O trabalho não exige muito, mas ela faz questão de parecer concentrada; a empregada liga e ela se orgulha de dizer que está tudo no lugar certo, na hora exata; o marido a busca na porta da empresa e ela o beija. As perguntas de sempre preenchem o vazio das conversas que já terminaram. Como foi o dia? As filhas se alimentaram bem? A conta de luz foi paga? Melhor perguntar de uma vez, antes que tenha que responder sobre aquilo que não quer falar.

A noite chega e com ela a sensação de alívio. O sonho é uma trégua da realidade. Dormindo, deixará de ser uma farsa, abandonará a zona de conforto e se jogará nua no rio de águas turvas. Não terá medo de se deixar contaminar pela alegria, pelo prazer do pecado, pelo gozo do erro, pela euforia de um delírio. O ar, finalmente, vai preencher seus pulmões, tão habituados à respiração de uma moribunda.

No sono, vai fazer as pazes com o perigo, correr o risco de se apaixonar e sofrer, jogar para ganhar mesmo se perder, mergulhar no abismo e sobreviver, olhar no espelho e se ver. Será assim por algumas horas. Até que o raio de sol da manhã seguinte a capture de volta para o mundo dos grilhões e ela mesma se prenda nos laços apertados da ordem e da cautela.

Boa noite.

## ENCRUZILHADAS

"Ninguém se esquece do que foi e nem do que poderia ter sido."

Ouvi essa frase em um programa de esporte no último final de semana, dita por um ex-jogador de futebol aos 100 anos de idade. Dourado, que morreu em 2011, abriu mão da carreira nos gramados e até de jogar na seleção para cumprir o desejo do seu pai de que se tornasse médico.

Também neste fim de semana terminei de ler *A mulher de 30 anos,* de Honoré de Balzac. O livro conta a história de uma jovem do século XIX que encontra o grande amor da sua vida quando está casada. Para não quebrar as regras sociais e não correr o risco de perder a filha, ela abre mão da felicidade e sofre por não ter se permitido viver essa história.

Carreiras, amores, filhos, família, viagens, mudanças: estamos sempre diante de escolhas e, não raro, perdemos noites e noites de sono pensando em qual seria a melhor opção, queimamos caixas de incenso buscando inspiração, perguntamos a opinião dos amigos mais íntimos, lemos livros de autoajuda e até rezamos para São Longuinho para encontrar a resposta, de certo escondida atrás de algum móvel.

O desgaste é enorme. A cabeça parece explodir, o corpo pede para parar e o espírito faz careta a cada gota amarga desse coquetel de medo, insegurança e dúvida. No mesmo dia, é possível que duas opções totalmente contrárias nos pareçam as mais acertadas. De manhã, estou certa sobre cursar Engenharia, antes de dormir, a Medicina já me parece mais atraente. E por aí segue uma infinidade de encruzilhadas. Morar em Fortaleza ou em Porto Alegre? Viajar para um retiro espiritual em Machu Picchu ou torrar a grana em compras na Quinta Avenida? Ficar com a Maria ou com a Roberta, ou seria melhor com o João?

Dá medo de se decepcionar e entortar a esperança. Dá medo de que a noite, maquiada de ilusões, amanheça um dia com os olhos inchados. Dá medo de ser feliz e trair a tristeza. As hipóteses não dão garantia. Nada se revela bom ou ruim antes de acontecer.

É sempre arriscado escolher. É tentador o desejo de manter um pé em cada caminho. Mas aí, não conseguiríamos caminhar. À menor tentativa, os tropeços nos levariam ao chão. Dá medo de errar, mas é preciso optar.

Quem dera conhecer atalhos que me permitissem saber como será o dia de amanhã antes mesmo que o de hoje chegasse ao fim... Nada daria errado, todo imprevisto poderia ser evitado, jamais capotaria meu carro na próxima curva. Em épocas de escolhas complicadas já recorri até aos mistérios do outro mundo. Pouco adiantou. Na borra do café, nenhum esclarecimento proveitoso. A leitura das cartas do tarô revelou: "É o momento de encerrar ciclos. É preciso tomar decisões importantes". Ah, tá! Grande ajuda! Encerro a consulta e decido não fazer mais perguntas.

Sem as luzes vindas do Além e nem do Aquém, sobram os conselhos de quem quer ajudar. Entre os que já ouvi, meu favorito é: "Escolha com o coração". Poderei ser crucificada, mas me arrisco a acrescentar um ingrediente fundamental para que essa dica fique melhor: o egoísmo! O ex-jogador Dourado escolheu ser médico usando o coração (o amor pelo pai o fez realizar um sonho que não era seu); a personagem de Balzac abriu mão do amante também pelo coração (amava demais a filha para abandoná-la).

Considerar só o amor que sentimos pelos outros nos faz seguir caminhos que não são os nossos. Não seremos as melhores companhias vivendo em terras estrangeiras, nos comunicando em idiomas que não dominamos e nem forçando a gargalhada ao ouvir piadas que não entendemos. Ame os outros sem jamais esquecer o que sente por você mesmo. No meu coração cabe muita gente, mas reservei pra mim a suíte de luxo com vista para o mar. Quero ver meus dias amanhecendo e chegando ao fim com a certeza de que é a minha a vida que estou vivendo!

## Quanto vale uma traição?

Ontem sonhei que tinha sido traída. Foi pela manhã, quando a gente dorme aquele sono que já acabou. A cabeça quer despertar, mas o corpo não obedece, e então cochilamos. Nessas horas, o deus dos sonhos parece querer me castigar pela preguiça e me leva a vivenciar, fora da consciência, situações aflitivas, de perseguição, ansiedade. Desde sempre, são assim os meus sonhos matinais.

Acordei assustada, tudo parecia real, doeu como se fosse de verdade, como se realmente houvesse algo para lamentar. Me lembrei das vezes em que a infidelidade aconteceu de fato. A primeira foi na adolescência, com um namorado de quem gostava muito. Jovens sempre amam demais, e, contradizendo a lógica da pouca idade e de um futuro longo, agem e sentem como se o tempo que restasse fosse escasso para tanto viver. O primeiro amor parece ser o único de uma vida que nem começou direito.

E foi nesse cenário passional que fui apresentada à D. Traição. Numa viagem para a praia, meu namorado se esqueceu do quanto poderia me machucar com aquela atitude e se jogou nos braços de outra. Foi honesto e me contou tudo na volta. Àquela altura, a sinceridade dele não amenizou minha dor. Era horrível imaginar sua boca beijando outra boca, seu corpo tocando outro corpo, seus desejos aspirando outras formas que não fossem as minhas.

A sensação foi tão forte que quase consigo alcançá-la ainda hoje. Nó no estômago, frio na espinha e asco ao imaginar as cenas daquele teatro de horrores. Ah! Como doeu! Na época, nem quis saber das explicações, que deveriam ser bem razoáveis, considerando que ele tinha apenas 16 anos e todo o direito de cometer deslizes imaturos. Mas, para mim, não houve perdão. Terminei a história, que ainda prometia capítulos intensos de felicidade.

Acordada do meu sonho quase real, penso se foi justa a minha decisão. Eu perdi, ele perdeu e nem a outra ganhou... todos derrotados pela pressa em condenar os culpados. Ainda acho que ele errou, colocou na berlinda uma relação que valia muito mais do que o prazer fácil e fugaz de beijos molhados à beira-mar. Mas, se fosse hoje, minha sentença não seria tão dura.

Afinal, quanto vale uma traição? Vale mais do que uma relação de anos de lealdade? Vale mais do que o amor e o prazer que você sente na companhia do outro? Vale mais do que a sinceridade que enxerga nos olhos dele ou dela quando diz que te ama? Cuidado ao trair, você pode abrir uma ferida dolorosa demais no coração de alguém querido. Mais cautela ainda ao julgar um traidor. Não se precipite jogando seu amor no balde dos cafajestes.

Se fosse hoje, eu perdoaria aquele meu namorado. Antes, eu o deixaria por algum tempo no "banquinho do pensamento" para refletir sobre a dor que provocou e os riscos que correu. Mas, depois, o encheria de beijos bem gostosos para que ele se esquecesse até do pôr-do-sol daquela maldita praia.

Tola, eu? Pode ser. Mas prefiro deixar que minha serenidade e confiança vençam a luta contra o meu orgulho ferido — ele nunca foi e nunca será um bom conselheiro.

## Tem lugar pra mim?

O horário de verão já terminou
Nossos ponteiros foram acertados
Vou chegar sem pressa e sem atraso
Na hora marcada
Só quero saber: tem lugar pra mim?

Vou manter as portas fechadas e as janelas abertas
A liberdade vai sempre arejar nossos desejos
Não vou te prender e nem me soltar de você
Mas preciso saber: tem lugar pra mim?

Prometo não ocupar espaço demais na cama
Não quero bloquear seus movimentos enquanto sonha
Vou cobrir seu corpo no frio e vigiar o vento
Mas ainda tenho uma dúvida: tem lugar pra mim?

Vou ser o seu espelho mais generoso
Quero revelar meus segredos e proteger os seus
Estou batendo na porta, mas, por favor,
Só me deixe entrar na sua vida se tiver lugar pra mim.

## As cartas não mentem jamais

Viro para um lado e para o outro na cama e não consigo sequer cerrar os olhos. A vida tem arrancado de mim coisas que eu prezava bastante, e são muitas as dúvidas sobre como vou sobreviver daqui para frente. Que atitudes tomar? Do que exatamente vale a pena me arrepender? E o que merece ficar na lembrança? Foram tantos pontos finais nos últimos meses que eu mesma me sinto no fim de um livro volumoso. Olho para trás para tentar ler a última frase e... não! Não está escrito "foram felizes para sempre".

O conto de fadas terminou como tragédia grega. E o desespero me levou para onde vamos todas nós, mulheres, quando estamos sem saída. Você nem imagina do que estou falando? Aos búzios, ao tarô, ao pai de santo, claro! Atire a primeira pedra quem nunca consultou uma cartomante para saber se aquele amor iria voltar. Como o caso era urgente, e eu precisava me encher de esperança rapidamente, deixar a tristeza, pegar o carro e bater o ponto no trabalho, usei a internet mesmo. O site oferecia gratuitamente uma leitura superficial das cartas que fez todo sentido. A versão completa? Só pagando. As respostas para todas as minhas perguntas por menos de 50 reais, parcelados em quatro vezes no cartão de crédito, pareciam uma pechincha.

Apertei "enter" e dois minutos depois já estava lendo o que o futuro me reservava nos próximos seis meses. As previsões financeiras diziam: "Você vai ganhar dinheiro, mas não desperdice. Ele também irá embora facilmente". A perspectivas para o trabalho eram favoráveis. Vou ter sucesso em uma área diferente e obter uma nova fonte de renda. E sobre o amor? Bom, nesse caso, as cartas garantiam que havia muitos relacionamentos superficiais à vista, mas aquele que eu desejava só voltaria quando a validade do jogo de tarô já estivesse prestes a esgotar. Se o cenário já parecia tenebroso, preparem-se para ouvir o que me reservava o conselho final: "Tome cuidado com pessoas do seu passado que tentam retornar à sua vida, com promessas falsas e coloridas. Pode ter certeza de que pouca coisa mudou e os problemas serão exatamente os mesmos" (juro que copiei esse trecho do site!).

Quis cancelar o negócio na mesma hora. O primeiro presságio já estava confirmado. Meu dinheiro tinha ido embora facilmente com a compra idiota que acabara de fazer. Sobre o amor, o cenário não era nada favorável. Se ele não vai voltar por agora e, quando aparecer, tenho que evitar... estou ferrada! Dizem que a esperança é a última que morre. Não nesse caso. Ela acabava de ser enterrada! E o amor continuava "vivinho da Silva". Mesmo viúvo, solitário e amargurado, se mantinha inabalável. Mas, como sempre faço quando os problemas batem à minha porta, ao invés de dizer que não há ninguém em casa, convido para entrar, sirvo o melhor vinho, os deixo bem embriagados e num instante eles já aparentam menos poder do que quando chegaram.

A morte da esperança não é derradeira, mas marca uma mudança brusca dentro de nós. Quando ela acaba, não resta outro caminho senão mudar o rumo da vida. Ela se vai e deixa um vazio absurdo. Leva junto para o túmulo os sonhos, os planos, as mais doces ilusões. Perder a esperança é como perder um filho ainda no útero: jamais vamos conhecer o rosto dele, nunca iremos colocá-lo para dormir, muito menos seremos acordados por seu sorriso generoso. Aliás, generosidade é algo que deixa de fazer parte da vida quando perdemos a esperança. Não receberemos mais nada, a vida se torna infértil.

E se a falta de esperança nos causa tantos dissabores, também é verdade que esperar demasiadamente pelo que nunca vem faz tudo perder o sentido. O tempo de espera não foi suficiente para que eu criasse raízes e ficasse presa ao mesmo lugar. Ainda posso caminhar, descobrir o que me reserva a estrada.

Como uma amiga querida me disse no outro dia: "Os pontos finais têm uma função libertadora". E o fim de algo maravilhoso em minha vida me convida agora a escrever um novo livro. Quem sabe dessa vez a obra não terá um final feliz? Não sou nenhuma princesa encantada, mas sei que mereço!

## Repentistas cotidianos

A oportunidade apareceu no momento mais apropriado. Eu precisava preencher o vazio da separação recente com novos desafios, de preferência, prazerosos. Foi assim que recebi o convite para fazer uma coluna em uma revista da cidade.

Tudo estava perfeito. O prazo dado para entregar o texto era mais do que razoável, sem restrições quanto aos temas e com enorme respeito ao meu estilo de escrever. E, de repente, a folha em branco, que sempre me pareceu uma chance deliciosa de higienizar o cérebro e reduzir a pó problemas que pareciam insolúveis, provocou em mim um terrível frio que percorria minha coluna de cima a baixo.

Fiquei pensando sobre por que a insegurança bateu à minha porta justo em relação a algo de que gosto tanto e faço com relativa tranquilidade: escrever. Não era a tarefa que me assustava, era o medo de não atender à expectativa do outro, o "outro" querendo dizer o editor da revista e você, que está lendo meu texto neste momento.

Quantas vezes por dia nós somos convidados a atender demandas? Tanto as nossas quanto as dos outros — maridos, chefes, empregados — e, claro, os filhos, campeões invictos no quesito intitulado "mamãe eu quero". No caso dos homens, tenho certeza de que os "chamados diários" chegam a dezenas e, no caso das mulheres... é melhor triplicar esses números. Sem desmerecer o trabalho masculino, mas os multipapéis femininos nos forçam a ser semideusas, com capacidade para estar em dois lugares ao mesmo tempo. Quem nunca respondeu aquela dúvida do para-casa pelo telefone, enquanto mantinha um sorriso sereno para o seu chefe que te olhava fixamente? Lembra-se das vezes em que encheu o carrinho de verduras e ao mesmo tempo desmarcava mais uma vez o dermatologista? (Desse jeito você não vai chegar aos 50 com rostinho de 48.) E quem já se esqueceu da época em que esquentava a mamadeira com um braço enquanto o outro segurava a criança faminta e aos berros?

Quando não há expectativas, a tarefa pode ser pesada, mas não provoca medo. E, tenha certeza, o mais exigente espectador da sua atuação é você mesmo! O nó no estômago aparece quando nos olhamos no espelho e não vemos exatamente o que esperávamos. Vivemos como se estivéssemos em um duelo de repentistas: alguém canta de lá e você responde de cá. Haja inspiração para fazer rimar correria com alegria.

Cobramos caro pela fatura da perfeição. Exagerar na vontade de agradar a nós mesmos e aos outros pode nos fazer esquecer a letra da música que diz o que desejamos de verdade. Os dedos tremem, e erramos o acorde que dá o tom da verdade em nossas vidas. O ensaio sai melhor do que a estreia.

Não duvido de que a expectativa seja uma mola importante para realizar planos, mas tem que ser na dose certa. Perdoe seus pequenos erros, relaxe sem perder a pose, ria das tragédias cotidianas. Foi assim que consegui preencher a folha em branco: com a coragem de ser quem sou e escrever o que diz minha alma.

Mas, aqui entre nós... espero que vocês gostem!

## Tudo, menos gorda!

Já tentei seguir algumas dietas: a da sopa, a mediterrânea, a da lua, a dos pontos. Mas essa que minha amiga Patrícia anda fazendo é novidade. Chama-se a dieta do queijo. Como funciona? Pasmem. Você fica sem comer nada o dia todo e quando a vista ficar turva e a perna bambear, basta comer um pedaço de queijo. Se a visão voltar, ok! Caso contrário, você só vai acordar no pronto-socorro, depois de perder os sentidos.

No dia em que encontrei Patrícia, ela estava realmente magra, mas o ar de saudável, o bom-humor e a disposição tinham ido embora junto com os últimos quilos. Enquanto eu regava nosso tricô com boas doses de caipirinha, ela passou a noite bebendo uma garrafa de água (a mesma garrafa, durante três horas seguidas... acho que até na água ela estava economizando calorias). Foi então que ela me revelou o que a fez cometer tamanha insanidade: é que o namorado, que sempre a achara a mulher mais gostosa do mundo, digna de fazer a alegria em *posters* de oficina mecânica, disse que ela estava ficando um pouco gordinha.

Queridos homens, prestem bastante atenção! Uma mulher é capaz de perdoar mesmo que você tenha tentado e conseguido agarrar a melhor amiga dela, pode se esquecer de que você chamou a sogra — que por acaso é mãe dela — de maracujá de gaveta, e até desconsiderar o fato de que você não sabe nem o dia em que ela nasceu, que dirá a data em que deveriam comemorar anos de namoro. Mas, chamar de gorda, não pode!

Quando um homem diz uma atrocidade dessas, 99,9% das mulheres (as outras estavam em coma e por isso não responderam à pesquisa nem entraram nesta estatística) têm cinco pensamentos básicos nos primeiros dez segundos. Primeiro: "Estou explodindo". Segundo: "Nunca mais como chocolate na minha vida". Terceiro: "Ele não me deseja mais". Quarto: "Vou cortar os pulsos". Quinto: "Vou matar esse infeliz" (considerando que ela já estará morta, esse plano nunca vai dar certo).

Precisava convencer minha amiga de que ela não tinha que se tornar o "Esqueleto" para mostrar ao He-Man que ainda era capaz de abalar a vizinhança do Castelo de Grayskull. Não foi tarefa fácil. O que dizer diante de uma situação tão grave? Comecei desqualificando o namorado desastrado, que, além de dizer que ela estava fora de forma, emendou com o seguinte comentário: "Não se preocupe, isso não me incomoda". Não? Então, por que falou? Por acaso comprou uma academia de ginástica e precisa de novos alunos?

Além de gorda, Patrícia se sentiu uma ingrata por não compreender a generosidade do cavalheiro bem-intencionado...

Talvez seja difícil para alguém do sexo masculino, que é chamado de charmoso quando fica careca, bem-sucedido quando está barrigudo e maduro quando já se encheu de rugas, entender os motivos de tanto drama. Mas, acreditem! Não há ofensa pior para quem come alface todos os dias imaginando que é lasanha aos quatro queijos, malha duas horas por dia sonhando com leite condensado e experimenta (isso, só as de alto poder aquisitivo) de botox a dolorosas injeções de gás carbônico no abdômen para ficar bem na foto.

E como tirar a roupa depois de um comentário desses? Patrícia me confessou que por tentar murchar a barriga durante o restante da noite quase perdeu a circulação sanguínea e ficou roxa pra sempre. Sexo? Só com as luzes apagadas e posições favoráveis (se alguém souber de alguma, me avise.).

Machos presenteados com metabolismo rápido, uni-vos pela causa: "Nunca diga a uma mulher que ela está gorda!" Vai ser melhor para todo mundo. Não deixem que a sinceridade coma muitas calorias, mandem as boas intenções para o aparelho de *spinning* e afoguem a franqueza na piscina de hidroginástica. Neste caso, uma mentirinha magra é melhor do que uma verdade obesa.

## Rogai por nós

Há mais santos no meu quarto do que em muitas capelinhas por aí. São exatamente dez imagens. Ficam em um cantinho onde todos os dias, por pelo menos alguns minutos, faço minhas orações. Peço o que desejo para a "geral", mas, dependendo da necessidade, gosto de setorizar e combinar minha demanda com a *expertise* de cada um. Santa Clara é a protetora dos jornalistas de TV ("babado" no meu trabalho é com ela mesmo); Santa Edwiges é a salvadora das causas financeiras (coitada... não deve aguentar mais ouvir minhas preces); São Jorge é guerreiro e contra ele não tem mau-olhado que faça efeito; São Longuinho (sim! Ele existe) me ajuda a encontrar objetos e soluções perdidas; e São Judas Tadeu e Nossa Senhora Desatadora dos Nós estão aí para o que der e vier (se o negócio está feio, eles sempre me socorrem).

Para algumas pessoas, essa minha relação de intimidade com os santos pode parecer desrespeitosa, mas me defendo. Nasci católica e sou filha de um homem fantástico, que, antes de conhecer minha mãe (também espetacular!), foi padre por mais de dez anos. Com esse currículo, deveria ir à missa todos os domingos, confessar meus pecados e jejuar na quaresma.

Respeito quem segue esses rituais, mas minha espiritualidade é diferente. Confio em Deus como algo que me conduz e me fortalece, sou parte Dele e Ele é parte de mim. Não aprecio a "espada de Dâmocles" que a maior parte, senão a totalidade das religiões impõe sobre as cabeças de seus seguidores. E assim vou vivendo, com meus santos, minha fé e a crença de que tenho escolhido o caminho do bem.

Depois de me justificar, volto a falar da relação com meus protetores. Nem todos para quem eu rezo estão representados nas escrituras sagradas. Meus anjos da guarda são convocados de acordo com as circunstâncias: Nossa Senhora das Boas Ideias me ajudou a voltar a escrever depois de meses de tempo escasso e inspirações medíocres; perdi as contas de quantas vezes Santa Pauta Caída me salvou de amargar um plantão durante um sábado de ressaca monstruosa; São Bom Senso já me livrou de várias roubadas; e Santa Paciência é minha companheira diária, mas acho que ela deve ter muitos compromissos, pois algumas vezes fica ausente. Há amigos jornalistas que me pedem ajuda e eu terceirizo para o Bom Pastor dos Personagens, o Sagrado Coração do Entrevistado Atrasado e Santa Edith (essa sempre ajuda quando o VT ainda está na máquina e o Jornal já está no ar). E rezo, é claro, para a Santa Escala de Fim de Semana, que ao lado de Nosso Senhor da Folga no Feriado são os mais chamados.

Que ninguém queira me atirar pedras por acreditar que sempre há um santo para todas as horas. Isso não diminui minha fé nem minha consideração, pelo contrário, me aproxima do que é indiscutivelmente divino: a vida! Somos o que aceitamos como verdade, e não tenho medo de proclamar a minha.

Agora, só falta acender uma velinha branca e pedir a Nossa Senhora da Luz para que meus queridos leitores não me abandonem depois dessas revelações polêmicas. Amém!

## Confiável

Ouvir "Eu confio em você" é quase tão bom quanto ouvir "Eu te amo". Ou seria melhor? Esta frase significa muito mais do que as palavras são capazes de expressar, no seu literal e reduzido sentido. É um passo para a eternidade, essa deliciosa ilusão que alimenta o desejo mais profundo de qualquer tipo de amor: não acabar nunca.

Confiar é assumir um compromisso com a verdade. Ao contrário do que pensam os cismados de plantão, a desconfiança é o caminho mais curto para encontrar a mentira. Só se é transparente com quem acolhe nossas melhores qualidades e nossos piores defeitos.

Sem confiança, sua nudez será avaliada. Sem confiança, sua alegria e sua raiva serão julgadas. Sem confiança, o personagem não descansa nunca. Sem confiança, seus olhos inchados pela manhã não serão perdoados. Sem confiança, ser espontâneo ameaça a sobrevivência da relação. Sem confiança, é preciso sorrir sem abrir muito a boca. Sem confiança, o choro não pode borrar a maquiagem. Sem confiança, não há leveza. Sem confiança, não há futuro. Sem confiança, não há amor.

Confiar é bom! Ser reconhecido como confiável, é bom demais! É como se embebedar sem correr o risco de tropeçar. É ter certeza de que aquelas mãos que te tocam reconhecem seu corpo e passeiam felizes pela sua alma. É fazer as pazes consigo e nunca mais se abandonar.

Quando existe confiança, a paixão dispensa as provas.

Você não está mais sendo testado, dá um alívio enorme. É como vencer uma disputa insana contra a insegurança, os holofotes apagados para sempre. A gente ama no escuro, exatamente porque está tudo claro. Pode confiar!

## SEM HORA PARA ACORDAR...

O despertador toca pontualmente às seis e meia da manhã. Minhas mãos tateiam no escuro e finalmente conseguem silenciar o barulho. Custo a acreditar que aquele alarme, agora tão irritante, foi um plano elaborado por mim, na noite anterior, para matar o meu próprio sono e abortar a confortável ilusão dos sonhos. Sinto-me uma criminosa, assassina cruel de momentos tão prazerosos.

Que mulher eu era ontem que não encontro mais hoje? Há menos de oito horas, minha vocação era mudar o mundo, ou, pelo menos, o meu mundo. Mas bastou um fechar e abrir de olhos para que a vontade desse lugar ao desalento, o humor fosse engolido pelo tédio, os planos para iniciar a malhação, passear com o cachorro, ligar para aquele velho amigo e mudar o corte de cabelo desaparecessem na fumaça asfixiante do cansaço. De que me adiantaria ir tão longe, se meu corpo não conseguiria me distanciar de mim?

Quero férias, mesmo depois de passar um mês longe do trabalho. Quero folga do que ouço todos os dias dentro de mim. Minhas pernas estão descansadas, mas ainda não sabem para onde caminhar. Meus olhos perderam o ar abatido de noites maldormidas, mas, mesmo sem a escuridão das olheiras, mantêm a visão embaçada pela dúvida. Já tentei "virar" o disco, mas meus velhos vinis repetem sempre a mesma sílaba.

A vida anseia pelas minhas decisões. O mundo cobra impostos sobre as minhas incoerências. Estou com as contas atrasadas e o tempo está prestes a me colocar na lista dos devedores. Minha dívida é de atitude. Preciso abrir as janelas, respirar o ar da manhã, acreditar que à tarde ainda estarei viva, fechar os olhos e acolher meu sono quando a noite me ordenar.

A partida já começou. Meu corpo está pronto para enfrentar o adversário, mas minha alma pede tempo! O suor ensopou meus pensamentos. Eles estão sem fôlego, de tanto correr sem jamais chegar a nenhuma conclusão. As perguntas engravidaram, mas não há dilatação suficiente para que as respostas venham à luz. O parto normal não será possível, e o fórceps poderá distorcer o rosto da verdade. Adiar o nascimento é um risco de levar à morte quem não tem mais oxigênio para sobreviver.

Quero a serenidade e a tranquilidade de quem não precisa decidir. Quero a certeza e o conforto de quem já fez o que tinha que fazer. Quero a absolvição para os meus pecados, quero que finalmente leiam a sentença que me condena à forca, quero o silêncio para fazer repousar minha alma cansada. Quero voltar a dormir sem despertadores programados para me fazerem agir.

## O QUE É PRA SEMPRE NUNCA ACABA

Depois da despedida seca e formal, a porta é arremessada com força. O estrondo é o sinal de que não há mais o que explicar, debater, dissecar. A briga acabou, os personagens deixaram o palco, mas não há aplausos. A plateia não entendeu que esse foi o fim do espetáculo. As cortinas continuam abertas e revelam os artistas se despindo do figurino. A boca sem batom se mantém amarga de rancor, o grito não libertado é engolido à força na coxia, o dedo em riste é retirado das luvas, mas ainda pretende fazer várias acusações.

Se os relacionamentos encerrados pudessem ter seus corpos frios analisados numa autópsia, não tenho dúvidas de que, em quase todos os casos, a causa da morte seria: falência múltipla da tolerância, paciência e respeito provocada por brigas e discussões mal resolvidas. Como diz minha sábia mãe, "ninguém morre de repente". Concordo com ela. A gente pode até não ter percebido o desgaste do coração, mas ele não parou de bater sem, antes, ter enfraquecido um pouco mais a cada dia.

Assim como as doenças nos alertam para o que não anda funcionando bem no nosso organismo, as brigas e discussões são avisos para cuidar melhor das nossas relações. Ignorar e não tratar uma dor é tão perigoso quanto não prestar atenção no que é dito durante uma DR (pra quem tem a sorte de não saber o que é isso, vai a tradução: "momento de discutir a relação").

É verdade que as brigas não seguem roteiros, não respeitam regras de boa educação, impossível prever seu final ou se já é mesmo o fim de uma história de amor. O alarme toca quando o que está em risco é a sobrevivência da relação. O problema é que nem sempre temos ouvidos pra escutar, nem sempre nossos gritos dão a outros sons a oportunidade de se manifestar. O bom senso, a consideração, o perdão, são elegantes demais para falarem tão alto. Portanto, lembre-se de abaixar o tom.

Nem sempre reagi com rispidez ou com a impropriedade dos berros, mas o silêncio e o recolhimento tampouco são garantias de que a dor passou. Fingir que o que machuca não sangra mais, enganar a mágoa com promessas frágeis de superação, é arriscado. Só diga que perdoou se estiver sendo clemente de verdade. Só peça perdão se realmente se arrependeu. Caso contrário, a ressaca da briga pode te manter embriagado para sempre pelo ressentimento. E sem lucidez, você vai despencar no próximo precipício.

Se tudo foi dito e, mais importante ainda, se tudo foi ouvido, é hora de juntar os cacos, varrer o chão e jogar o lixo no LIXO. Livre-se do que não serve mais, do que está sobrando; e recicle o que pode ser reaproveitado.

Recomece com a disposição de quando se viram pela primeira vez, sorria como se estivesse na fase da conquista, tire suas roupas como se ele ainda não conhecesse seus defeitos mais gostosos, ame como se fosse para sempre, porque, de verdade, ainda pode ser!

## Amor siamês

*Mudar de casa é o de menos — isso o frete resolve. Quando a gente ama, muda de corpo. "No meu ou no seu?"*

*Fabrício Carpinejar*

Fabrício Carpinejar consegue traduzir o que vai na alma de um jeito quase sempre *nonsense*, bem ao estilo das almas. A frase acima me fez pensar, mas não sobre o amor, e sim sobre a falta dele. Se vivemos no corpo do outro enquanto amamos, o que fazer se o sentimento acabar, se transformar ou deixar dúvidas quanto à sua intensidade ou viabilidade?

Abandonar a casa que insiste em permanecer de pé dentro de nós exige um esforço muito maior do que apenas fazer as malas. O amor transforma corpos distintos em aberrações siamesas, e a cirurgia de separação deixa os ex-amantes sem saber por onde andam seus pés, o que desejam suas mãos.

Certa vez, entrevistei uma mulher que teve a perna amputada. Ela me disse que demorou algum tempo até perceber que o membro não mais lhe pertencia. Acho que é assim quando duas pessoas se separam. Ele não está mais lá... ela já se foi... mas os dois ainda acordam de manhã tentando abrir quatro olhos!

Passava as tardes dentro do seu corpo e à noite visitava o colo do outro. Bebia água durante o dia, mas só matava a sede quando o sol se escondia. Caminhava por muitos quilômetros, mas não eram só seus pés que ardiam em bolhas. Provava o que era doce e via a careta do amargo no rosto alheio. Onde vivia? Já não sabia. Para morar no corpo de quem amava teve que abandonar a própria casa. O terreno que comprou um dia ainda está lá, esperando pela reconstrução. Mas, antes disso, ela precisará descobrir de que cores gosta, e só depois saberá escolher os quadros que vão enfeitar a sala.

Sem casa, perambula pelas ruas algumas vezes movimentadas de sorrisos; noutras, vazias de lágrimas. Já começa a ter coragem para comprar os primeiros tijolos, colocar a mão na massa e erguer as paredes do que será só seu. Mudar de corpo novamente? Por enquanto, isso não está nos planos. O preço que se paga pelo aluguel é alto demais. De agora em diante, ela vai preferir fazer apenas visitas, e com hora marcada!

## Depois do amor...

Não reparei nas marcas do corpo quando a vi pela primeira vez. Frequentamos a academia no mesmo horário, e depois de algumas conversas sobre a aversão aos abdominais e o rompimento mais recente de um casal de celebridades, ela me contou sua história, digna das páginas policiais.

Esteve entre a vida e a morte. O ex-marido invadiu sua casa, a amarrou, jogou álcool e ateou fogo. Teve 70 por cento do corpo queimado. A dor passou. Ficaram as cicatrizes e muitas perguntas sem respostas.

Casos como esse não são raros. Ex-namorados, ex-maridos, ex-companheiros, que, revoltados com o fim das relações, se dão o direito de ferir e matar. Alguns extrapolam os limites da perturbação e fazem valer a sentença: "Se você não for minha, não será de mais ninguém". Há cada vez mais filhos órfãos de mães assassinadas e pais suicidas.

Orgulho ferido? Dinheiro e patrimônio? Traição? Amor insano? Nada parece explicar a razão desses crimes. Eles não escolhem classe social ou comportamento moral. Acontecem em qualquer lugar onde um homem seja rejeitado por uma mulher.

E não estou sendo feminista nem preconceituosa. Também há exemplares do "sexo frágil" nesse manicômio. Apenas ouso dizer que, no caso dos homens, o motivo pode ser cultural. Ao longo de séculos, as esposas foram como mercadorias vendidas em lojas. Uma vez adquiridas, eram para sempre sua propriedade.

Os tempos mudaram, e aprendemos a amar não só o marido e os filhos, mas também a nós mesmas. Conquistamos o direito de ficar ou ir embora. Para a maioria dos homens (quero acreditar que realmente seja a maior parte) essa força feminina é motivo de admiração. Mas, para alguns, as separações não estão previstas no "contrato de compra".

O tormento nem sempre se arma de facas, pistolas ou garrafas de álcool. Existem os "ex" mais discretos, mas não menos nocivos. Ouvi de uma amiga que o ex-marido havia descoberto que ela estava namorando. Mesmo separada há quase dois anos, foi alvo de agressões verbais e cobranças tresloucadas.

Sei que não é fácil ver seu último grande amor se tornar a atual e fogosa paixão de outra pessoa. Vale chorar no banheiro, encher a cara e falar mal da ex. Mas atrasar a pensão alimentícia, não dividir os custos da farmácia e ainda furar o compromisso de ficar com as crianças no fim de semana também são crimes!

Atenção, homens e mulheres possessivos! Amor nem sempre é eterno. Divórcio não depende de carta de alforria. Evitem se comportar como senhores de escravos ou crianças birrentas. A fila anda. Torturar psicologicamente um ou uma "ex" não dá cadeia, mas deveria...

## Anjos não têm asas

Ela sempre dá um jeito de chegar. Pode ser em silêncio, ou se anunciando aos quatro cantos. Algumas vezes, arrebata suas vítimas de maneira surpreendente, noutras repete o ritual enfadonho e sem graça de desligar os corpos sem ouvir súplicas alheias.

Estou falando da morte, personagem macabro que visitou minha família recentemente e levou embora minha tia mais querida.

Ela não podia ser enquadrada entre os seres comuns. Não reagia às intemperanças da vida na mesma moeda. Era comedida, sensata, leal e sincera. Enfrentou os muitos desafios e injustiças sorrindo... gratuitamente sorrindo. Era um anjo sem asas, que nos guiava com sua luz pelos caminhos, muitas vezes sinistros, do destino que cumprimos a cada dia.

Nunca conheci alguém como ela, mas sei que por mim já passaram alguns serafins e querubins. Não eram legião, mas sempre agiram como se fossem muitos. Todos temos por perto um protetor. Pode ser aquela amiga que te compreende com o olhar e te acolhe com o silêncio. Ou um grande amor que te devolveu a vontade de viver, quando você estava amordaçada pelas frustrações. E ainda, um filho que te fez sentir o amor incondicional.

Já li alguns textos que tentam descrever os anjos. Eles refletem a sabedoria divina, mantêm um temperamento jovial e não fazem questão de registrar nossas falhas e equívocos. Já conviveu com alguém assim? Ainda está por perto? Então, não escolha palavras para confessar o quanto se sente protegido. Não poupe seus ouvidos das lições que ele tem para ensinar.

É verdade. Anjos não têm asas, mas voam... às vezes, para muito longe. Deixam nossos olhos vazios de sua presença e nosso coração cheio de saudade... E mesmo que os nossos guardiões, alados ou não, estejam distantes, sempre deixam boas lembranças. E essas são as únicas armas contra o que é efêmero. Tudo passa, mas a memória permanece. Dói, mas consola. Te faz chorar e também te faz rir.

É esse o milagre! O que mantém vivo aquilo que já não pulsa mais!

## MEU AMIGO IMAGINÁRIO

Os psicólogos dizem que é normal. Algumas crianças, entre três e seis anos de idade, têm amigos imaginários.

Meu filho Gustavo não tinha apenas um, mas três coleguinhas invisíveis. A primeira vez que o flagrei conversando sozinho fui apresentada a Zé Vítor, Tony e Toninho. Confesso que foi difícil olhar para o nada e estampar um sorriso honesto de "muito prazer, fiquem à vontade".

Algumas semanas depois de começar a conviver com o trio imaginário, eu já estava íntima. Eles tinham história. Segundo meu filho, a mãe de um deles estava grávida, o outro morava no mesmo bairro e o último havia quebrado o pé tentando subir em uma árvore. Eram sempre convidados para churrascos, mas não comiam nem bebiam nada. Iam com a gente ao clube e passavam despercebidos pelo porteiro. Eram companhia em todas as sessões de cinema e se ajeitavam em algum lugar, mesmo quando a sala de exibição estava lotada. Eu só não permitia que Gustavo fosse visitá-los. Seria demais para mim, deixar meu filho numa casa imaginária, com um amigo que não existia e vigiado por pais que sequer tinham um telefone para contato.

O tempo passou e Zé Vitor, Tony e Toninho desapareceram naturalmente. Pensar sobre eles me fez reconhecer que ainda tenho minhas companhias invisíveis. Não que eu converse com a parede acreditando estar diante de alguém de carne e osso, mas me pego idealizando ações e reações de pessoas que têm nome, sobrenome e habitam um corpo de verdade.

Na infância, a fantasia é inofensiva e até ajuda a desenvolver a criatividade; se ela se mantém até a pré-adolescência, é melhor procurar um psiquiatra. Mas se os amigos imaginários reaparecem na fase adulta, podem ser batizados de "expectativas". Todos reconhecem seus riscos, mas alguém consegue viver sem elas? As relações de amor, amizade, respeito ou até de raiva são permeadas por constantes momentos de esperança. Só não criamos expectativas sobre algo ou alguém que não nos importa.

Então, o que fazer? Cobrar as faturas e pagar a conta por sermos chatos, ou fingir apatia enquanto a decepção corrói nossos sentimentos mais nobres? Decidi questionar meu filho. Mesmo com quase dez anos de idade, ele se lembrava de já ter tido amigos imaginários, e quando perguntei o porquê de eles terem sumido, Gustavo respondeu, fazendo graça: "Vai ver foi porque eles sempre vinham aqui em casa, dormiam na minha cama, brincavam com meus carrinhos, mas nunca me convidavam para conhecer a casa deles, nem suas caixas de brinquedos".

Bingo! As companhias verdadeiras são aquelas que abrem a vida delas para você. Se alguém te reserva apenas uma fresta, pare de imaginar o que há lá dentro e se afaste de fininho. Escolha para ficar perto apenas quem te convida para entrar.

## É A SUA VEZ DE JOGAR!

Foram três meses de internações e altas do hospital. Por algum motivo que a medicina ainda não descobriu, meu sistema imunológico havia entrado em curto-circuito e, ao invés de me proteger, estava me destruindo. Eu não parecia doente. Nenhum abatimento, nada de mal-estar e nem qualquer limitação, mas o risco de ter uma hemorragia sem controle era uma ameaça constante.

Havia a possibilidade de cura em quatro tentativas. Os três primeiros tratamentos me fizeram engordar dez quilos, deformaram meu rosto, mudaram meu humor e... não funcionaram. Restava apenas uma opção, e eu, inexplicavelmente, relutava em enfrentá-la.

Quis ouvir a opinião de outro médico. E ele me fez entender porque eu sentia tanto medo de fazer a cirurgia que podia salvar minha vida. Esclareceu que, de todos os tratamentos que eu havia feito, esse era o que oferecia a maior possibilidade de cura. A doença estava ganhando de goleada, mas eu não havia colocado em campo meu artilheiro. Não era o bloco cirúrgico que me aterrorizava, nem as dores do pós-operatório, tampouco a cicatriz que a partir daí marcaria meu corpo para sempre... Dava medo porque essa era minha carta na manga, meu curinga, mas também era a última jogada a que eu teria direito. Se não desse certo, não haveria mais nada a fazer.

Quase sempre é difícil apostar alto na vida. Muitas vezes preferimos jogadas modestas a arriscar tudo. Engavetamos projetos que poderiam mudar o rumo da nossa vida profissional, boicotamos relacionamentos que transformariam o nosso jeito de viver e de amar, desistimos de uma viagem que nos levaria não só para outras terras, mas também para dentro de nós. Nem sempre arregaçamos as mangas para abocanhar o que a vida nos oferece de mais apetitoso. É mais seguro planejar do que realizar.

Sonhos têm imunidade contra frustrações. A vida real, não.

Sobram desculpas para nos mantermos no mesmo lugar, protegidos dos tropeços do caminho. O tempo é sempre pouco para investir naquele livro que queremos escrever ou no vídeo que pode nos incluir definitivamente no mercado. O orçamento para conhecer o outro lado do mundo nunca cabe no bolso. Economizar? Sim, tenho tentado, mas não consigo... E aquela companhia agradável que te deixa com as pernas bambas e te faz perder a noção da hora? Não, melhor não expor o coração aos danos de se apaixonar. E assim vamos vivendo, ou melhor, assistindo a vida passar, com emoções rasteiras e uma confortável e cínica sensação de proteção.

Mudar a forma de agir não é tarefa fácil. Nenhum conselho é suficiente para nos fazer ousar. Para assumir uma nova postura, temos que passar por um processo de desconstrução interior. É preciso abrir as gavetas, retirar a poeira que cobre o verdadeiro rosto dos nossos medos, conhecer o feitio dos nossos desejos e entender que há uma diferença enorme entre torcer para que um jogador faça o gol e entrar em campo correndo o risco de errar o pênalti na final do campeonato.

Certa vez ouvi que não é preciso deixar de ter medo para ser corajoso. Há um tanto de covardia em qualquer atitude intrépida e muito de coragem em um ato que parece covarde. Essa batalha entre o temor e a bravura se dá na arena da vida: é preciso ir à luta para descobrir quem vence, e foi o que fiz há 12 anos.

Tanto naquela situação quanto em qualquer outra, o jogo é entre a vida e a morte. E eu sobrevivi!

## A travessia do desejo

Ainda me lembro do cheiro de plástico novo quando abri o presente mais esperado da minha infância. O carro vermelho, de modelo esportivo e sem capota, seria "dirigido" por minha boneca Barbie, mas o desejei como se aos 10 anos de idade já tivesse carteira de motorista e fosse eu mesma colocar a chave na ignição.

Meus pais resistiram a me dar o brinquedo. Para eles, era caro demais, interessante de menos. Mas na minha opinião, Barbie não poderia mais continuar se deslocando do quarto para a copa a pé! Foram meses de apelos, longas conversas, choros e dezenas de bilhetinhos deixados dentro do sapato do meu pai, em cima do travesseiro da minha mãe, no espelho do banheiro, na mesa de almoço...

Contei esta história para falar sobre a importância dos sonhos e desejos. Eles nos movem e revelam uma força e uma vontade que nos tornam invencíveis. E a conquista é como um atestado que garante nossa competência.

Há quem acredite que as aspirações humanas nos condenam a estarmos sempre insatisfeitos. Outros dizem que a "sociedade do consumo" cria quereres e frustrações em demasia. Mas, não estou me referindo a ambições descontroladas ou cobiças insanas. Trato dos desejos que nos tornam mais fortes, à medida que tentamos torná-los reais.

Por isso, faço aqui um pedido: deixem que seus filhos sonhem, esperem que eles desejem. Não se antecipem às suas vontades. Na ânsia de agradar crianças e adolescentes, nós, os pais, muitas vezes roubamos deles o direito de querer, o privilégio de lutar, a paciência de esperar, a confiança de alcançar. Talvez, por isso, a bicicleta do Natal já esteja encostada em algum canto da sala antes do Ano Novo, as bolas de cores e tamanhos diversos murchem no esquecimento de quem tem opções demais, a boneca que "anda" perca a graça quando o fabricante lança outra que "canta e dança".

Ao longo dos anos, meus sonhos mudaram. Alguns foram realizados, outros se perderam, e há ainda os que esperam o momento ideal para acontecerem. Mas todos me tornaram mais corajosa. Quando meus pais se negaram a me presentear imediatamente, me ensinaram que nada cai do céu. Tive que fazer concessões para que minha boneca, finalmente, desfilasse de carro entre as almofadas da cama. Aprendi a diferença entre "desejar de verdade" e "querer por querer". Percebi que para colher é preciso plantar; afinal, não há chegada sem travessia.

## SOU MAIOR DE IDADE: JÁ POSSO AMAR!

O casamento era entre um publicitário e uma jornalista. Esperava um convite fora do padrão, e não foi surpresa receber um pequeno livro em papel *couché* com fotos pra lá de modernas. Os noivos não tinham se esquivado apenas da entediante cartolina branca, em que os pais, e não eles mesmos, convidam para a cerimônia. O casal fugiu à tradição propondo um destino bem mais interessante para a relação do que a fatídica sentença "até que a morte os separe".

Na primeira folha do convite, estava escrito: "Com o tempo, hão de se tornar mais que marido e mulher. Poderão, quem sabe, se declarar maduros."

Uau! Que ousadia! A promessa não passava nem perto do enfadonho "ser fiel na riqueza e na pobreza, na saúde e na doença, na alegria e na tristeza". Eles estavam dispostos a crescer, a se tornar pessoas melhores, a aprender um com o outro. O compromisso assumido por cada um era o de ser tolerante, sem esquecer os próprios limites; recuar, às vezes, sem passar a vida andando pra trás; ser forte para cuidar, e também permitir a fragilidade para receber apoio.

Como definir uma pessoa madura? Responsável, disciplinada, ponderada, segura — há quem discorde de algumas dessas características e inclua outras. Mas, salvaguardado o preciosismo do vocabulário, acredito que não errei tanto assim. Quem já está crescidinho também pode se dar ao luxo de selecionar amigos e programas, assumir preferências que contrariem o gosto geral, mudar de emprego, de cidade, de rumo, de vida! Será que temos sido assim nas nossas relações?

Com o convite na bolsa, segui para uma festa de aniversário regada a cerveja gelada e vinis dos anos 1980. Ao som de "Locomia" (se você não sabe do que se trata, procure no YouTube e se permita dar boas gargalhadas), fiz o que mais gosto: garimpar histórias. Claro que, depois de algumas horas, o álcool já fazia efeito na maioria dos convidados, e fui presenteada com vários casos de afetos mal correspondidos e relações em crise (algumas eternas, outras visivelmente passageiras).

Conversei com mamães de primeira viagem que não se conformavam com a "pouca prática" dos maridos no cuidado com os bebês. Também fiz sessão de terapia trocando experiências com uma amiga recém-separada, tentando entender por que nossos casamentos haviam se tornado insustentáveis. Na pista de dança, entre uma coreografia e outra, ouvi reclamações de "ficantes" que teimavam em não assumir um compromisso mais sério e colocar de vez o rótulo de "namorado".

Se você pensa que a festa foi chata... esqueça! A vida real é um pouco repetitiva, mas muito divertida. A maioria dos conflitos amorosos me pareceu tão infantil que, tenho certeza, esses casais ainda vão rir muito do que estão enfrentando hoje: embates alimentados pelo medo, intolerância, pirraça, teimosia. E olha que não havia ninguém por ali com menos de 25 anos! A verdade é que agimos como crianças. Damos tanta importância ao ciúme quanto uma menina que briga com a melhor amiga porque ela decidiu se aproximar de uma nova colega de classe. Cobramos perfeição, mesmo sabendo que nós mesmos já quebramos alguns brinquedos sem intenção. Culpamos o outro pelo fim de um casamento como um garoto que chuta a canela do amigo acreditando que ele é o responsável pela derrota no campeonato escolar de queimada.

E estou incluída nessa turma de guris que merecem um puxão de orelhas por mau comportamento. Se o encontro vale a dedicação, assumam a maioridade emocional e prometam um ao outro ficar juntos, até que a vida os mantenha felizes!

## Contrato de amor: dedicação exclusiva

O ano era 1995. Eu estava com uma amiga assistindo a uma palestra do escritor Carlos Heitor Cony sobre o lançamento do seu livro *Quase Memória*. Ao ser questionado sobre o porquê de ter passado 22 anos sem publicar romances, ele respondeu sem hesitação: "Não escrevi porque estava apaixonado, e só queria me dedicar àquele sentimento". Nem precisa dizer que, na posição de mulher romântica, caí de amores por Cony naquele momento, suspirei imaginando a maravilha de ser objeto de tamanha afeição — tão grande que entorpeceu, viciou, paralisou.

Não que eu seja favorável a relacionamentos improdutivos, muito pelo contrário. Acredito que na vida um encontro feliz sempre gera sonhos, planos, realizações. Mas vivemos tempos de relações fugazes e desejos efêmeros. A "fila anda" cada vez mais rapidamente, e o amor desta semana não sobrevive até a próxima edição da revista de celebridades. O que me impressionou há 18 anos e ainda me encanta naquela frase é que ela pode ser traduzida por apenas uma palavra: dedicação.

Relações precisam de investimento, tempo e disposição. Se o que se sente é mesmo verdadeiro, esse pacote recheado de empenho, boas intenções e atitudes certeiras é um presente que se abre naturalmente. O esforço é grande, mas não chega a molhar nossa camisa de suor. Mergulhamos até o fundo do charco e não perdemos o fôlego. Damos a volta ao mundo correndo e deixamos a fadiga comer poeira. Quando a gente ama, aprende o significado da plenitude.

Cony se referia ao amor de um homem por uma mulher, mas essa sensação de que a alma se encheu de satisfação não se restringe apenas a esse tipo de relacionamento. O olhar de um filho inunda o coração de felicidade e esperança. Não há sono que seja maior do que a vontade de amamentar, não há fome que não possa esperar até que o pequeno se aquiete. O que era prioridade mal entra na nossa agenda diária. Algumas vezes o corpo pede folga, o espírito berra impropérios de impaciência, mas o milagre do recomeço — típico dos amores incondicionais — coloca tudo em ordem novamente.

A lista de amores genuínos é longa: mães e pais afetuosos, avós queridos, doces madrastas, vizinhos parceiros, colegas de infância, amigos pra vida toda e... nós mesmos. Sim! Falo do que sentimos por quem somos. O amor-próprio também exige dedicação, e até um pouco de romance. Invista nessa relação diariamente. Cuide-se, proteja-se, perdoe-se. Se a relação estiver muito estremecida, vale a pena marcar um encontro. Capriche no visual, saia para dançar consigo mesmo, divirta-se, e, antes de amanhecer, ouça o que você tem a dizer e seja compreensivo.

O amor cega, e que mal há em enxergar apenas beleza? O amor ensurdece, e para que servem os ouvidos senão para escolher a melhor música? O amor nos faz acreditar que o outro é um ser sobrenatural, e isso nos torna ainda mais especiais. O amor descontrola o próprio corpo, e, incrivelmente, não nos sentimos trôpegos. O amor é ilógico, mas nunca fui boa em cálculos matemáticos. O amor não pede. O amor se basta.

## Três, dois, um... Feliz Ano Novo!

Fim de ano chegando... Hora de fazer um balanço do período que termina e preparar uma lista com metas para os próximos 365 dias. Quase todo mundo tem essa mania. E você, se lembra do que planejou em dezembro do ano passado?

Prometi me inscrever em uma academia de ginástica e, confesso, nunca passei nem na porta para apurar o valor da mensalidade. Comecei a dieta umas cinco vezes ao longo do ano e desisti outras tantas em que me vi diante de um prato de massas ou de uma torta de chocolate. Li menos livros do que pretendia, gastei mais dinheiro do que permitia meu plano de economizar, me esqueci diariamente de ligar para a professora de inglês e retomar as aulas... Enfim, não fui tão eficiente quanto intencionava doze meses atrás.

Cheguei a me preocupar com tamanho fracasso, mas pensando melhor sobre o último ano, percebo que fiz muito mais do que sonhei no réveillon. Listinha modesta, esta que previa corpo malhado e fluência no inglês. O que planejei em outros dias de janeiro, março e outubro e realizei em junho, setembro e no último fim de semana foi bem mais ousado! Assumi o desafio de romper com laços que me sufocavam mais do que me apoiavam, enfrentei o medo da solidão, venci o temor do julgamento (meu e dos outros), encarei frente a frente novas funções que a liberdade me exigiu.

Não foram planos executados meticulosamente. Em muitos momentos, segui minha intuição e me permiti confiar no improviso. Deu certo. E também deu errado... Não abomino planejamentos e listas de metas a cumprir, nada disso! Também tenho meus dias de paranoica. Faço listas detalhadas de supermercado e até anoto o que devo colocar na mala que ainda vou fazer daqui a um mês. O que concluí é que comemorei o Ano Novo em outros dias além de primeiro de janeiro, com o mesmo gosto de quem estoura a champanhe ao final da contagem regressiva e abraça os amigos num desejo coletivo de sucesso geral.

Gosto bastante das festas que marcam a passagem do ano. O sentimento do recomeço amplia a esperança, e o que mais queremos, senão uma nova chance? Iniciar a caminhada do marco zero, sem os rancores de ontem, as frustrações do passado e os insucessos que insistem em se manter na memória? O calendário é uma ilusão, mas, no espectro do tempo, aos primeiros segundos do dia primeiro de janeiro vemos a vida pelos olhos deliciosamente enganadores da fé! E como é bom acreditar...

Nunca acreditei na previsão maia de que o mundo acabaria em 2012. Nada de línguas de fogo lambendo nossos corpos, nem de pragas que iriam extinguir a humanidade ou meteoros gigantes que cairiam sobre nós. Mas pensar na possibilidade de que a todo momento a vida termina e recomeça é uma fórmula interessante para manter as boas energias durante todo o ano.

Repita o ritual quantas vezes for preciso. Abra as gavetas e dispense o que não serve mais. Há sempre alguém precisando das suas roupas antigas, seus sapatos apertados e seus abraços mansos, mesmo quando não é Natal. Escolha vestir branco quando precisar de paz e não se esqueça de se despir do orgulho quando for hora de perdoar. Acenda velas para iluminar o caminho e apague-as para receber um carinho, solte fogos de artifício e não tenha medo do barulho que eles fazem, tome banhos de sal grosso e vinagre à meia-noite ou ao meio-dia, jogue uma vasilha cheia de pipocas sobre a cabeça para dar sorte ou apenas para dar boas risadas.

Feliz Ano Novo! Hoje, amanhã e todos os dias!

## Receita de viagem: mais que uma pitada de sal

Os mais antigos dizem que só se conhece bem uma pessoa depois de se comer um quilo de sal junto com ela. Colegas de trabalho, amigos de farra, namorados de fim de semana podem ser mais legais ou mais desagradáveis do que parecem: concordo com o dito popular, mas em tempos de férias me arrisco a dizer que uma viagem também pode revelar a personalidade dos nossos companheiros de ócio.

Certa vez, em um parque aquático, percebi o quanto um casal de amigos era "tranquilo" (leia-se "folgado"). Pediram para que eu cuidasse dos filhos enquanto desciam uma daquelas rampas gigantescas que, no trajeto, roubam biquínis, sungas e, com frequência, a dignidade de quem encara o desafio. Topei, e só depois de três dias, ao ouvir a caçula do casal me chamar por engano de "mamãe", percebi que as crianças passavam mais horas comigo do que com os pais e me demiti do cargo de "babá quase perfeita".

Durante a faculdade, uma viagem para a praia que prometia noitadas regadas a cerveja, beijos na boca e rock'n'roll até o nascer do sol teve que ser adaptada quando fui diagnosticada com conjuntivite, apenas dois dias depois de chegar ao litoral. A garota com quem eu tinha menos intimidade se mostrou uma grande amiga. Além de acordar no dia seguinte também com os olhos ardendo (esclareço que isso não se deveu ao seu caráter solidário, mas sim ao alto poder de transmissão da doença), ela me fez companhia todas as noites, me ensinou a jogar cartas e dividiu segredos. Não foram raras as vezes em que o resto da turma trocou a balada por gargalhar ao lado da "dupla lacrimejante".

Minha última viagem foi além das outras no quesito "surpreender". O destino era uma praia isolada, com pouco mais de cem metros de areia, menos de 30 casinhas de pescadores escondidas na Mata Atlântica, duas barracas-restaurante à beira-mar e muitos caiçaras sentados nos barcos, com olhos fixos nas águas pintadas de um verde azulado sem comparação. O acesso até a casa onde nos hospedamos exigia uma caminhada íngreme em terreno irregular, passagem por pontes instáveis, atenção e um pouco de fôlego. A luz durava até o pôr-do-sol. Daí em diante, apenas velas e, com sorte, um banho quente, graças a um chuveiro aquecido a bateria. O deslocamento noturno só era possível com lanternas parecidas com as de exploradores de cavernas.

Do grupo de dezessete pessoas, eu conhecia metade "de vista"; com outros tantos já havia conversado bem menos do que pede uma amizade, alguns eram totalmente novidade e um deles, esse sim, era "de casa". Caminhar, comer, tomar banho e conservar alimentos e bebidas gelados podem ser ações simples num resort, mas ali exigiam generosidade, cuidado, superação e tolerância — lições que me fizeram saber melhor quem sou eu.

Aprendi que meu corpo é mais forte do que eu imaginava quando encarei uma trilha pesada de subidas e descidas por uma hora e meia. Um dia depois, percebi que ter humildade é fundamental ao desdenhar uma caminhada leve e me esborrachar na lama. Abri meus ouvidos para os jovens sem a arrogância de quem tem mais idade. Respeitei o silêncio — meu e dos outros. Reconheci que o mundo segue seu rumo, mesmo que não haja sinal de celular para que eu vigie os passos alheios.

Comi um quilo de sal comigo mesma e voltei para casa com a bagagem mais leve. Ao desfazer as malas, algumas roupas estavam mofadas, mas a alma havia se livrado do lodo da rotina. Basta agora que me lembre de manter o espírito arejado, para que o cotidiano não me esconda novamente de mim.

## Não estou aqui e nem aí

O calor daquela tarde me fez assumir o risco de um atraso e enfrentar a fila da sorveteria. Havia cinco pessoas à minha frente. Quando finalmente chegou minha vez e eu disse "boa-tarde" à moça do caixa, ela desabafou:

— Finalmente uma cliente educada! Estou cumprimentando a todos e só agora alguém me respondeu. Achei que era invisível!

Não gosto de ser maltratada ou ignorada, mas admito que senti uma ponta de inveja. O que me atraiu foi a possibilidade de ficar invisível. Em outras épocas, isso seria até tentador, para descobrir se meu filho estava realmente na sala de aula e não no cinema quando insistiu em não atender minha ligação naquela tarde de segunda, ou matar a curiosidade sobre o que falavam as vizinhas fofoqueiras quando me viram com o namorado novo, e ainda talvez ajudar minha amiga a desvendar o sumiço do último caso de amor frustrado...

Ouvir conversas que não me dizem respeito ou desvendar traições alheias não são exatamente coisas que eu curto (nem no Facebook). Mas a capa de invisibilidade poderia me libertar de demandas que, de tão frequentes, se tornam cada vez mais pesadas. Muitas vezes, me sinto como uma cozinheira que não esperava por tantos convidados. O bolo ficou pequeno, e ela agora se esforça para não estragar a festa. A maioria reclama do tamanho das fatias e nem é capaz de saborear a receita feita com tanto capricho. Ela abre mão do seu pedaço, mas ainda assim, não consegue matar a fome de todos.

Nem o sono aliviava o fardo. As tarefas e os problemas inspiravam sonhos agitados e cansativos. Mas de manhã, ao deixar a cama, me olhei no espelho e não vi nada. Será que a mágica havia acontecido? Finalmente, poderia sair por aí, sem compromisso, sem hora pra chegar, sem lugar pra ir, sem ninguém para agradar? Talvez nesse passeio encontrasse meus desejos, perdidos no limbo da rotina.

Tenho estado no campo minado do para-casa com os filhos. A bomba sempre estoura nas minhas mãos. Tenho apostado uma corrida maluca com minha família no supermercado. Enquanto tento encher a despensa, eles se apressam para esvaziá-la. Tenho me debruçado sobre calculadoras e extratos bancários, tentando subtrair despesas e somar boa vontade. Tenho tentado sorrir, quando a vontade é de chorar. Não queria seguir até uma praia deserta ou um charmoso chalé na montanha. Queria me achar onde se encontra a minha ausência.

Hoje, queria apenas estar em mim.

## O CICLO DE VIDA DA SAUDADE

As primeiras contrações nos alertam: algo muito estranho irá acontecer. As dores vão ficando mais intensas à medida que o parto se aproxima. A dilatação da alma trava uma batalha com a resistência do corpo. Não adianta tentar evitar. A saudade — guardada no útero para nascer no momento da ausência — ultrapassa as barreiras do improvável e mostra seu rosto. Grita toda a sua trágica beleza.

Nos primeiros instantes, é difícil acreditar no que aconteceu. Aquele sentimento que, vez ou outra, fazia a coluna doer, mudava sua postura e te obrigava a caminhar com cuidado, respira do seu corpo. O cordão umbilical foi cortado e nada mais se submete ao seu controle...

Como acontece com os filhotes, a saudade cresce rápido nos primeiros meses. Alimenta-se da falta, enche a boca de lembranças e ganha peso à custa do sofrimento. Quem sacia a fome dela é o seu coração ferido. De bandeja nas mãos, ela oferece os pratos mais amargos. Lágrimas, fotos antigas, e-mails lidos repetidas vezes, mensagens arquivadas na caixa postal, músicas cantadas ao ritmo dos soluços. Sirva-se!

As cólicas vespertinas passam, o choro na madrugada cessa e a saudade corre solta como uma criança atrevida. Suas travessuras são tão irritantes quanto encantadoras. Ocupa todos os espaços vazios, continua crescendo e chega à fase temperamental da adolescência. Não há regras que ela obedeça, não há súplicas que ela atenda. Passeia livre por sua vida com a certeza de quem se sente imortal.

A maturidade torna a saudade levemente serena. Se antes, ela esbanjava arrogância, agora até te alivia com momentos de humildade. O desespero não é mais seu companheiro, e ainda assim ela é capaz de gerar novos sentimentos. Raiva, inveja, desprezo. Emoções que ajudam a suportar a dor da incompletude no meio de uma guerra perdida. Nossas armas não convencem a inimiga, que continua nos engolindo por dentro. O abismo que habita em nós nos mantém eternamente em queda livre. Não merecemos da saudade sequer o alívio do fim.

Dizem que, um dia, a saudade passa. Pelo menos é assim que termina o ciclo da vida: com a morte. Mas, apesar de toda sua crueldade, tenho medo de enfrentar uma nova ausência. Talvez prefira conviver com a saudade por mais um tempo. Quem sabe ela não se torna uma velhinha irônica, capaz de me fazer gargalhar com suas piadas sarcásticas sobre o meu passado iludido de esperanças e meu presente recheado de frustrações?

Ultimamente, temos conversado mais, nos divertido um pouco e nos confortado bastante. A saudade ainda impede que o ar encha meus pulmões, mas as lembranças que ela traz já não me fazem suspirar de tristeza. Será que ela já morreu e eu nem percebi? Não interessa. O importante é que eu estou viva!

## SEJA BEM-VINDA!

A frase bateu na minha cara como uma bofetada. De repente, durante uma conversa informal sobre casamento, namoros, finais, recomeços, conquistas, minha amiga profetizou:

— A forma como a gente entra numa relação é a forma como a gente permanece nela.

Aquilo me sacudiu de um jeito que eu não conseguia saber se tinha saído do prumo ou se finalmente tinha encontrado o eixo de todas as ideias que brigavam dentro de mim há algum tempo. Passeei pelo meu currículo amoroso, peguei carona em lamentações de terceiros e não tive dúvidas: ela estava certa!

Já entrei em relações "me achando o último biscoito do pacote". Como foi meu desempenho? Em três meses, o biscoito enjoou da boca que o saboreava e foi embora correndo. (Sim! Biscoitos conseguem correr quando estão desesperados!) Também não escapei de situações de extrema mendicância. Me davam migalhas, que eu engolia como se estivesse comendo um *petit gateau*. Como sou escorpiana e persistente, a relação até durou mais tempo, mas não matou minha fome, e com fome, ninguém sobrevive. Saí da história pesando pouco, chorando muito e me amando quase nada.

É ilusão achar que as histórias de amor não correspondido vão ter finais felizes. Do mesmo jeito, não dá pra acreditar que, um dia, você vá começar a amar aquela pessoa que nunca te encantou. Se entramos pela porta dos fundos numa relação, o mais provável é que a gente continue dormindo na cozinha. Se o acesso permitido for apenas a janela que você salta sorrateiramente, prepare-se para pular de volta ao quintal todas as noites e dormir com o cachorro. Dificilmente você terá um lugar na cama de casal.

Há exceções? Talvez. Até conheço casais que começaram a namorar em situações capengas e hoje são exemplos de alegria e longevidade. Precisei investigar os casos com olhos de detetive para matar a charada: a relação se transformou porque, em algum momento, ela foi rompida para recomeçar de outro jeito; um dos dois se cansou do personagem que interpretava, abandonou o palco enquanto a plateia ainda esperava pelo desfecho trágico e só voltou para a cena final quando lhe deram o papel do protagonista.

Não existe relacionamento pronto, embalado para viagem. Imagine se bastasse chegar no balcão e pedir: "Quero um homem charmoso, inteligente, apaixonado, fiel e, de preferência, com 1,80m de altura e barba cerrada". Na verdade, nem seria tão bom se fosse tão fácil. Perderíamos a chance de fazer do encontro, da descoberta, do delicioso caminho da sedução, uma oportunidade de nos tornarmos melhores.

É óbvio que as relações se transformam, mas é preciso manter a dignidade, do início ao fim. O jogo de cintura é tão essencial quanto a noção clara dos nossos limites. Se nos contorcemos muito para caber na vida a dois, corremos o risco de quebrar a espinha dorsal e perder nossa identidade.

Entre sempre pela porta da frente, caminhe sobre um tapete vermelho e tome posse de todos os cômodos da casa construída para guardar essa história de amor. Melhor ainda se estiver te esperando no quarto o tal bonitão de barba cerrada... Nesse caso, não custa nada trancar a porta e engolir a chave.

## Alguém está de olho em mim

Meia-noite e meia de uma segunda-feira e eu, inocentemente, entro pela porta de casa já tirando as sandálias para não fazer alarde e acordar meus filhos. Nem tinha chegado à metade da sala quando escutei o som alucinante de um alarme: "Uooouooouooouooouooo". Achei que era uma pegadinha, e que o Sérgio Malandro iria surgir por detrás da cortina gritando "glu-glu". Com muita dificuldade, achei o interruptor, acendi a luz e encontrei sobre o braço do meu sofá um sensor de presença em formato de olho.

A coisa me fitava insistentemente, e parecia ter descoberto que o motivo verdadeiro por eu estar voltando para casa àquela hora no primeiro dia da semana não era exatamente trabalho. Quanto mais eu procurava o botão que poderia silenciar o maldito equipamento, mais alto ele berrava. De repente, saem do quarto com os olhos inchados de quem acabava de acordar os meus dois filhos pequenos. Bastou perceberem meu desespero para caírem na gargalhada.

— Pegamos você, mamãe!

Só consegui entender o que tinha acontecido depois que o ambiente voltou a ficar em silêncio. O equipamento, digno de filmes policiais, não tinha vindo do mercado negro dos detetives frustrados. Era apenas uma lembrancinha, candidamente escondida dentro de um dos muitos ovos de Páscoa que as crianças tinham ganhado. Segundo a embalagem, era usado pelo Homem-Aranha. Ah, tá! Quer dizer que esse tal aracnídeo de meia-tigela pode andar por aí, mascarado, com uma malha de ginástica ridícula, subir pelas paredes, saltar pelos prédios da cidade pendurado numa teia, que nem um Tarzan urbano... E eu sequer podia chegar até o meu quarto sem acordar a vizinhança? Está certo que ele salva o mundo todos os dias, mas eu também havia me atrasado por estar salvando... pelo menos o meu mundo! Todos sabem o quanto uma cervejinha na segunda-feira pode garantir a sanidade mental por toda a semana.

Acordei no dia seguinte decidida a tomar duas atitudes. A primeira: providenciar uma dedetização específica para aranhas. A segunda: desmontar o brinquedo infeliz e subtrair a bateria. Não tinha dúvidas de que, a essa altura, aquele olho vermelho e azul era o responsável por ferir o meu direito constitucional de ir e vir.

Nós, mulheres, dificilmente escapamos do controle alheio. Começa com os pais, que nos obrigam a chegar mais cedo do que nossos irmãos homens, mesmo que eles tenham alguns anos a menos que a gente. Tenho que admitir que, na mesma medida em que somos injustiçadas pelo *status quo*, que trata o sexo frágil como sexo imbecil, somos também muito perspicazes em convencer o pai de que "não vi a hora passar", "meu celular quebrou", ou "fiquei conversando até agora na portaria do prédio com a vizinha que levou um toco do paquera".

E então, nos casamos. Com exceção de pouquíssimos exemplares masculinos descolados, a raça representada pelos maridos costuma mostrar suas asinhas logo nos primeiros meses. Ou melhor, quem mostra as asinhas somos nós, e eles sacam rapidamente a tesoura para nos impedir de voar pra muito longe. Se o controle for demais e o amor acabar, há sempre a saída do divórcio. Sem desprezar o quanto dói uma separação... *voilà,* a liberdade!

Então já passei por todos esses processos de alforria, e agora sou vítima de um brinquedo macabro que avisa aos meus filhos o horário em que vou para a cama? Sem chance! No ano que vem, eles vão ganhar ovos de chocolate sem lembrancinhas, e os presentes de aniversário passarão por uma rigorosa inspeção da mãe.

Em que mundo vivemos? Nem nos brinquedos a gente pode confiar mais. Ai, que saudades da Barbie... Ela não era lá muito discreta para se vestir, mas tinha a elegância de não se intrometer na vida alheia.

## Só, e muito bem acompanhada!

Sempre temi a solidão. Não gosto de lugares ermos. Barulhos me soam como música, ligo a TV para ouvir alguém virtual falando quando não há ninguém real em casa. Adoro gente, ou melhor, adoro "pessoas", porque dá para colocar no plural sem violar nenhuma regra gramatical. Certa vez, contando para um amigo o quanto me sentia sozinha, ele definiu o que é solidão para mim: "Se você está em um grupo com menos de três, já fica angustiada!"

Acho que ele tem razão. Com três filhos, empregada, pais morando perto e me visitando algumas vezes por dia, e em breve um cachorro, estou mal-acostumada. Tem gente que é viciada em cigarro, em álcool, em chocolate... Eu me viciei em companhia. E não consumo com moderação.

A solidão é como uma terapeuta que bota o dedo nas feridas e te faz lembrar daquilo que você se empenha diariamente em esquecer — ainda pagamos por isso e comparecemos às sessões de tortura, pontualmente. O silêncio do lado de fora aumenta o volume dos sussurros abafados pelas frustrações diárias. Nem sempre é fácil tirar a roupa para si mesmo. A alma nua mostra suas imperfeições. Quem é corajoso o suficiente para acender as luzes e descobrir que a escuridão não guardava nenhum tesouro, apenas a nossa pequenez?

Há quem discorde de mim. Minha irmã, por exemplo, não troca a própria companhia por nenhuma outra. Se o telefone tocar em um momento de autocurtição, ela te dispensa sem nenhum constrangimento.

— Você está ocupada? — pergunto.

— Não, estou sozinha... — e o próximo som que se ouve é o "tu-tu-tu" da linha caída.

Já sabemos, portanto, que a antipatia pela solidão não é uma questão genética.

Mesmo tentando escapar do isolamento de todas as formas, recentemente fui surpreendida por mim mesma, "euzinha" e mais ninguém! Não foi planejado. A vida me passou algumas rasteiras, e numa das quedas olhei para os lados e só restava a minha própria mão para me levantar. Não tive outra saída. Olhei bem no fundo dos meus olhos, estendi as mãos e abri um sorriso discreto. Me achei simpática! O papo demorou um pouco a engatar. Primeiro, falamos sobre o tempo seco e o frio que começava a chegar de mansinho. Uma hora depois, estávamos no maior "tricô".

Descobri nessa conversa que, na verdade, já estava sozinha há muito tempo. Mesmo casada, havia momentos em que só contava comigo mesma; ainda que a mesa de bar estivesse lotada de euforia e o ar leve de gargalhadas, só eu poderia garantir a minha alegria; os romances eram cheios de promessas de amor eterno e cumplicidade, mas o que esquentava meus pés à noite eram as meias que eu buscava na gaveta antes de dormir; no almoço de domingo, com todos à mesa, apenas eu sabia o quanto custava engolir as mágoas que obstruíam minha garganta.

Amo meus filhos e a deliciosa confusão que eles aprontam no meu dia, adoro meus amigos e seus ombros sempre tão disponíveis, sou apaixonada pela paixão e pela capacidade que ela tem de me fazer levitar, mas, de fato, só eu sei o que vai na minha alma. Somente eu compreendo o tamanho da felicidade que enche meu espírito e da tristeza que nem sempre transborda em lágrimas. Somos todos sozinhos, e esta constatação não aumentou meu medo, pelo contrário, revelou minha força. Flagrei-me só, mas muito bem acompanhada.

## Feliz para sempre!

Você anda com a sensação de que quase todo mundo está infeliz? Insatisfeito consigo, com o outro, com o que a vida tem dado de presente? Nada está do tamanho certo, ninguém age da forma esperada, o dinheiro é sempre curto para sonhos cada vez maiores, e... por que a minha unha foi quebrar logo no dia da festa?

Vítima dessa tragédia que afetou meu dedo indicador, corri ao salão de beleza sem marcar hora com a manicure. Enquanto esperava, preferi disfarçar minha impaciência lendo revistas femininas. Uma matéria na seção de moda chamou minha atenção. Ensinava como disfarçar os defeitos do seu corpo.

Se o problema é que você cresceu menos do que gostaria, use calças de cintura alta para alongar a silhueta. Parece uma girafa? Melhor doar as roupas de uma cor só. Seios grandes demais? Decotes em formato de "V" resolvem o problema. Para o quadril largo, evite roupas justas. Para os estreitos, abuse das pantalonas.

Depois de anotar mentalmente o que vestir para parecer alta e magra, como desejam dez em cada dez mulheres, meu senso crítico acionou o alarme. Se há solução para todo biotipo, quer dizer que nenhum deles está bom o suficiente? O ideal, o que nos deixa satisfeitos, o que nos garante sucesso e felicidade, nunca habita nossa vida real?

A busca pela fantasiosa perfeição vai muito além da estética. Passa por relacionamentos, trabalho, amizades. Temos o tempo todo à nossa frente um espelho mágico, como o da história de Branca de Neve: há sempre alguém melhor do que nós. Mas, para quem não sabe os detalhes menos divulgados desse conto de fadas, vai aí uma fofoca de bastidores dos Irmãos Grimm: a madrasta insatisfeita era uma mulher belíssima, que, em vez de reconhecer suas qualidades, preferiu passar a vida perseguindo a princesa perfeita. Numa dessas empreitadas, despencou de um precipício.

Fechei a revista e desisti de esperar pela manicure. A unha quebrada não me tornaria uma bruxa e, de agora em diante, não pretendia me esforçar tanto para ficar igual a Brancas, Belas e Cinderelas. Elas comem maçãs envenenadas no lugar de saborosos pratos de lasanha; usam sapato de cristal, mas por não serem donas do próprio nariz, têm que deixar o baile antes da meia-noite; vivem presas no castelo esperando que uma "fera" vire um bom companheiro; dormem muito, e só acordam com o beijo de um príncipe enfadonho...

## O chiado da agulha

A conversa que vinha do quarto me chamou a atenção. Meu filho mais velho tentava mostrar ao meu pai o funcionamento de um *discman* — leitor de CD portátil já ultrapassado por mídias mais modernas. O avô, na época com quase 80 anos, queria entender como faria para tocar o "lado B" quando terminassem as canções do "lado A". Com apenas dez anos, o neto desconhecia discos de vinil — que tocam dos dois lados — e sequer entendia a dúvida.

Tive que interceder. As décadas que separam as duas gerações foram marcadas por um avanço tão célere quanto a corredeira de um rio. Nem todos aprenderam a nadar a tempo de aproveitar a aventura ou a desventura da velocidade. Eu era adolescente quando as agulhas foram substituídas pelo play e traduzi para meu pai e meu filho o idioma que cada um deles usava.

Outro dia, me lembrei desta história quando testemunhei nos corredores do shopping a luta de uma mãe para conter a pirraça da filha, ainda de chupeta. A pequena déspota rolava no chão aos berros, porque não queria ir embora. A mãe prometia balas, pipoca, filme na locadora, e acredito que até sua alma já estava sendo leiloada.

Nunca tive que administrar birras assim, mas já vivi situações bem parecidas. Tenho dificuldades em dizer não e, frequentemente, me pego dando satisfações da minha vida adulta e dos meus horários para crianças com menos de 10 anos. O que deveria ser apenas uma explicação de mãe para filho se torna quase um pedido de permissão de uma adolescente para pais indignados. Eu e o casal, que saiu cabisbaixo do shopping, pertencemos a uma geração intermediária, e não estamos apenas entre o vinil e os tocadores de áudio digital.

Nascemos entre o extremo da disciplina, das regras inquestionáveis, de crianças silenciadas com o olhar, e o máximo da liberalidade, do medo de exagerar na correção, da culpa pela ausência e por não sermos super-heróis. Enquanto filhos, aprendemos a obedecer. Viramos pais e não sabemos exercer a autoridade, que também protege e ensina.

É bom lembrar que os vinis estão de volta à moda. As vitrolas antigas foram substituídas por modelos mais leves, alegres e arrojados. O preço que se paga pelas "bolachas" atuais é alto, mas a qualidade da música que se ouve quando a agulha toca o disco vale cada centavo. Usar a fórmula que transformou o retrógrado em "vintage" pode ser uma boa ideia para a educação dos filhos, a porta de saída desse poço de areia movediça onde muitas vezes nos afundamos à procura da medida certa do amor.

Que toque a música!

## O PULSAR DE UM CORAÇÃO SEM LEMBRANÇAS

Ali viviam cerca de dez idosos, com idades entre 65 e 98 anos. Havia mesa com salgados, docinhos e bolo. A comemoração do "dia dos avós" foi a pauta que me levou até aquele lugar no dia 26 de julho. A tarde, coberta por um lindo céu azul e um vento frio que doía na alma, carregava na atmosfera a mesma contradição que encontrei entre os moradores da casa de repouso. Quase todos aproveitavam a festa cantando e dançando na companhia de raros parentes. Enquanto a euforia e a alegria venciam a solidão e o abandono, no canto da mesa, alheia a tudo, estava uma senhora de olhar fixo e vazio.

Aqueles olhos castanhos pertenciam a Elisa, uma ex-professora de música, que há doze anos havia sido diagnosticada com o mal de Alzheimer. Nos últimos tempos a doença se agravara, e ela já não se alimentava nem andava sem ajuda. As conexões cerebrais não funcionavam, e um pano negro e pesado cobria as lembranças de uma vida longa. Não sabia precisar quando estava com fome ou quem eram as pessoas que cuidavam dela todos os dias. Me contaram que, nas poucas vezes em que falava, se recordava da própria mãe, e dos filhos adultos quando ainda eram bebês de colo.

No dicionário, o significado de memória é "aquilo que ocorre ao espírito como resultado de experiências já vividas; lembrança". Na vida, memória quer dizer muito mais: o cheiro da fumaça pode te levar à casa da fazenda onde as conversas de família duravam até o início da madrugada; a música traz de volta o arrepio que percorreu sua coluna quando aquele amor da adolescência te beijou pela primeira vez; a foto de um Natal antigo lembra a alegria sentida naquela manhã, enquanto desembrulhava o brinquedo mais desejado da sua vida.

A memória não é apenas a possibilidade de reviver o passado. Somos nossas lembranças remotas e recentes. Sem elas, habitamos um corpo sem vida, uma vida sem identidade, uma identidade sem dignidade. O mal que afeta cerca de seis por cento dos idosos com mais de 80 anos rouba deles não só a capacidade de reconhecer os outros, mas também de se reconhecerem. Não há passado que alimente o presente ou que dê esperanças para o futuro. A demência ignora as regras do tempo e do espaço, torna a morte palpável, visível na matéria que ainda pulsa.

Antes de deixar aquela casa de repouso, tentei manter algum contato com Elisa. Me aproximei com um sorriso no rosto e lhe desejei um "Feliz Dia da Avó". Dei-lhe um beijo na testa e segurei forte a sua mão. Havia em mim uma expectativa ingênua de que meu afeto vencesse a doença, ainda que por alguns segundos. Não houve resposta. Nenhum aceno, nada de sorrisos, nem mesmo outro aperto de mão. Mas, antes que eu fosse embora de vez, ela virou o rosto e me encarou. O olhar ainda estava apático, mas tinha leveza e traduzia uma mensagem clara de esperança. Revelava que as lembranças estavam, sim, em algum lugar enfermo do cérebro, mas os sentimentos continuavam vivos no coração.

## Em defesa das "patroetes"

Assim que cruzei a porta de casa, ao fim de um dia exaustivo de trabalho, minha ajudante se aproximou com cara de conversa séria e disse:

— Arrumei um emprego perto da minha casa para ganhar mais e estou saindo daqui.

O valor do novo salário não caberia no meu orçamento. Tive vontade de me jogar pela janela, mas a queda do segundo andar iria render, no máximo, algumas costelas quebradas. Consegui que ela aguardasse uma semana até que eu contratasse outra pessoa, e assim estava aberta a temporada "Procurando agulha em um palheiro".

Quem é dona de casa sabe bem o que significa perder uma funcionária. Se você trabalha o dia todo e tem filhos pequenos, deve estar com lágrimas nos olhos por compartilhar meu drama. Quase nada é capaz de gerar tantos problemas quanto esse desastre doméstico. Não dá para deixar os bebês na gaveta enquanto você "rala" para ganhar o pão de todo o dia. Não há botões autolimpantes para a casa nem para as crianças. Marido e filhos desaprovam a ideia de fazer greve de fome durante alguns dias para que a pia não fique lotada de louças.

Depois da mensagem do apocalipse, o jeito é acionar o alerta geral! Amigas, irmãs, colegas de trabalho são avisadas e espalham a notícia, em busca de uma alma boa que esteja disponível no mercado. Hoje em dia, além de agências especializadas no assunto, há também páginas nas redes sociais para indicação de empregadas domésticas. Vale a pena visitar uma delas para ler os depoimentos desesperados. Prepare-se para fortes emoções.

A verdade é que, em tempo de "empreguetes" humilhadas por patroas de nariz empinado no horário nobre da TV, a função doméstica anda denegrida, e quem precisa dessa mão de obra virou vilã. Sei que existem muitas madames por aí que não só ignoram as contribuições sociais, o direito a folgas e férias, como também tratam as funcionárias com um desdém que mereceria cadeia. Mas, nem todas as patroas são megeras, e nem todas as empregadas domésticas são tão inocentes e dedicadas quanto as da telinha.

Já tive funcionárias que abandonaram o serviço no meio da tarde, sem sequer me avisar que meus filhos pequenos não teriam como entrar em casa na volta do colégio. Quase tive meu estômago cortado por cacos de vidro quando uma antiga empregada decidiu não jogar fora a maionese que caiu no chão junto com a embalagem espatifada. E a mais ousada delas não apenas passeava com meus vestidos nos fins de semana, como (pasmem!) também usava minhas roupas íntimas.

Há pessoas do bem e do mal em qualquer função social ou profissional. Patroas e empregadas podem ser grandes parceiras de vida e se ajudarem nos projetos pessoais. Por isso, sou do movimento que luta contra a extinção desse ofício digno e cada vez mais bem-remunerado. Salvem as empregadas domésticas! Afinal de contas, eu sou "patroete", mas também pego às sete...

## Isso é meu!

Oito horas da noite de uma sexta-feira. Você já está com a bolsa nas mãos para ir embora do trabalho. Sua chefe te avisa que a escala de plantão precisou ser alterada e, surpresa! Você, que até aquele segundo estava de folga, deverá chegar às sete da manhã do sábado. A essa altura, não dá mais tempo de cancelar o também sagrado descanso de sua empregada, e a última esperança será ligar para a vovó e pedir que ela passe o dia com os netinhos. Um telefonema... E ela, sempre disponível, topa a "roubada".

Dia seguinte. Sol rachando, temperatura perto dos 40 graus, e você está fazendo o quê? Uma reportagem sobre apreensão de queijos estragados. Dez horas depois, exausta e exalando um cheiro horroroso de leite azedo, você chega na casa de "*mommy*" para buscar as crianças. Assim que desaba no sofá, os anjinhos iniciam uma briga por causa de uma almofada —não é a mais bonita, nem a mais fofa, nem tem euros escondidos no meio da espuma, sabe-se lá o motivo por que se engalfinhavam pelo chão da sala tentando tomar posse daquele objeto insignificante. Minha mãe comenta:

— Eles estavam tão bem. Foi só você chegar que começaram a agir assim...

Por que, na maioria das vezes, os filhos são pessoas centradas, educadas e até equilibradas longe de você... mas na sua presença se tornam monstros dispostos a furar os olhos dos irmãos por qualquer bobagem? Os psicólogos diriam que é uma maneira de chamar a atenção da mãe, que passou o dia no trabalho. Os religiosos mandariam benzer os meninos: "Deve ser quebranto". Meu pai sentenciaria: "Os tempos mudaram. Essas crianças de hoje não têm limites! No meu tempo..." Eu chego a acreditar que foram possuídos por algum "Exu" e a solução seria mesmo levar os dois a um terreiro de umbanda. Xô, macumba!

Será que o problema é pessoal? Seria melhor talvez entregá-los de uma vez para a avó criar? Isso quer dizer que os irmãos jamais viverão em harmonia, e talvez terminem como Caim e Abel? Prefiro acreditar que esse comportamento não tem nada a ver com falta de afeto ou desvio de personalidade. Ter um irmão é ter a oportunidade de aprender, desde cedo, que na vida há espaços para serem disputados, conquistados ou perdidos, que os pais de filhos únicos não se desesperem: um primo ou amiguinho bem próximo faz essa função de "adversário" muito bem.

Mesmo que dê medo observar as reações das crianças durante uma briga, mantenha-se o mais afastado possível. Filhos não são como papéis em branco, onde a gente desenha formas simétricas e precisas e depois colore com as cores mais bonitas. Essa obra é deles, e é preciso deixar que eles se debrucem sobre a prancheta da vida. Por isso, tenho procurado, nos momentos de conflito, deixar com eles caixas de canetinhas de várias cores e muitos argumentos, borrachas eficientes para apagar o que merecer arrependimento e lápis bem apontados para que eles caprichem na letra na hora de pedir perdão. Só escondo as tesouras, mesmo as que não têm pontas. Precaução materna...

## A temperatura da sopa

O desafio não durou muito, e logo apareceu uma imagem do fundo do mar. A última peça do quebra-cabeça se encaixou perfeitamente, e fez os olhos dele brilharem. Acompanhei todo o processo e contribuí com uma dica importante: em primeiro lugar, coloque as peças do canto da figura, e só depois vá preenchendo o centro. À noite, ao servir uma sopa quente para meu filho, avisei:

— Comece pela beirada para não queimar a língua!

Cantos, beiradas, margens, bordas, não existem à toa. Basta olhar em volta pra compreender suas razões e funções. Para entrar no rio, é preciso testar a temperatura da água e a profundidade. Os primeiros passos, na parte mais rasa, devem ser lentos e cuidadosos, até que nossos pés se acostumem com as pedras, nossa pele se habitue à correnteza gelada e nosso corpo se sinta seguro para um mergulho.

Também nas relações que construímos há bordas que devem ser tateadas. A paixão, muitas vezes, mostra-nos atalhos perigosos, mas ainda acredito que a escolha segura seja o caminho mais longo: a cada passo, uma certeza; a cada abraço, um novo desejo.

Em tempos de amizades virtuais, o contato dispensa a aproximação física, e a simpatia é conquistada no intervalo de um click. Nas redes sociais, basta um "curtir" para que muita gente compartilhe suas alegrias, dores e carências para centenas de conhecidos com *status* de amigos. Se há afinidades reais ou vínculos de afeto, não se sabe. O que interessa é manter a agenda cheia de nomes e os finais de semana recheados de compromissos fugazes, viver noites de gargalhadas superficiais e sentir ressacas que consomem a alma, à procura de um sentido para as coisas.

Não desprezo as amizades, mesmo aquelas que não sobrevivem a uma conversa séria, a uma ajuda fraterna ou a um *happy hour* prolongado. Eu mesma tenho muitas relações desse tipo. O que me preocupa é quando nos iludimos com espectros de amores e amigos. A decepção é inevitável. Basta acender a luz para que eles desapareçam.

Nada impede que um conhecido se transforme em um grande amigo, ou que aquele beijo no final da festa — quando não havia mais esperanças de se sair acompanhado da balada — torne-se um grande amor. Mas, por favor, não queime etapas. Não se apresse.

Relações precisam de tempo, confiança, cuidado. É necessário passar pela margem para não se afogar num lago desconhecido. É importante separar as peças, ter atenção para encaixá-las uma a uma no quebra-cabeça e não destorcer a imagem final. É recomendável tomar a sopa devagar. Altas temperaturas tiram o sabor da comida.

## Onde está o fio da meada?

E no auge da discussão, geralmente naquele momento em que os argumentos factíveis se esgotaram, alguém resolve dizer a frase:

— Tudo é uma questão de ação e reação.

Quem já ouviu essa "pérola" durante uma briga entre namorados, amigos e até colegas de trabalho magoados? Posso até escutar a maioria de vocês dizendo: "Eu, eu, eu!"

Não discordo dessa lei usada por cientistas para comprovar teorias da Física e por religiosos para converter pecadores em almas dóceis. Mas convém lançar um olhar crítico sobre a frase que consegue carregar em si tanto a certeza quanto a dúvida. E é essa última que mais intriga. Afinal, se tudo é ação e reação, quem nasceu primeiro: o ovo ou a galinha? Quem acionou o processo de ofensas e desagravos? Alguém aí se habilita a responder, por favor? Também agora posso perceber o silêncio absoluto...

A verdade é que, para justificar os próprios erros, responsabilizamos o outro por nossa reação. Se você foi indiferente, é porque se cansou das grosserias do outro; o outro foi grosseiro porque estava inseguro, insegurança justificada pela sua ausência; mas você não pôde estar presente porque ele não telefonou; o outro não ligou, porque esperava que você se manifestasse primeiro — esse fio de queixas e acusações não tem fim, ou melhor, não tem nem começo.

Ação e reação podem desencadear desde catástrofes domésticas, como rompimento de namoros, casamentos e amizades, até guerras milenares. Por que árabes e judeus, cristãos e protestantes, povos africanos e outros tantos se matam desde sempre? (Por favor, abstraiam o interesse da indústria bélica e das grandes nações e vamos focar nas relações humanas... só por alguns instantes). O motivo seria a disputa pelo território? A diferença entre os dogmas religiosos? A insana necessidade de provar que se pertence a uma etnia superior? Há algo que explique o extermínio de famílias inteiras? Quem foi o primeiro a puxar o gatilho ou a detonar a bomba?

Um círculo de ódio e destruição só pode ser rompido com a mudança de atitude de pelo menos um dos envolvidos no conflito. Não importa qual foi a ação: reaja diferente! Se a lei for realmente eficiente e definitiva como parece, atitudes de bem vão gerar comportamentos positivos, tanto na sua casa quanto no Oriente Médio.

Não estou dizendo para que se candidate à canonização. A menos que você seja Jesus Cristo, dar a cara para bater também tem limite. Respeite o seu. Se mesmo você sendo piedoso com erros alheios e tentando não repetir os próprios pecados, o outro se comporta como seu inimigo, reaja! E dessa vez, a reação mais conveniente pode ser mesmo retirar o time de campo, os soldados da batalha e as roupas do armário (as suas ou as do outro).

Uma guerra só acontece quando há pelo menos dois adversários. E sou defensora da paz.

Esta obra foi composta em Minion Pro 12/14. Impressa
com miolo em  offset 75g e capa em cartão 250g,
por Createspace/ Amazon.

www.ingramcontent.com/pod-product-compliance
Lightning Source LLC
LaVergne TN
LVHW010913110826
845149LV00013B/2348